Robert Muller a été professeur de philosophie à l'Université de Nantes, où il a enseigné la philosophie ancienne et la philosophie de la musique. Il a publié notamment *La doctrine platonicienne de la liberté* en 1997 et, en collaboration avec Florence Fabre, *Philosophie de la musique* (« Textes clés ») en 2013, les deux à la Librairie philosophique J.Vrin.

DANS LA MÊME COLLECTION

ANDRIEU B., *Sentir son corps vivant. Emersiologie 1*, 2016.

ANDRIEU B., *La langue du corps vivant. Emersiologie 2*, 2018.

BARBARAS R., *La perception. Essai sur le sensible*, 2009.

BENOIST J., *Éléments de philosophie réaliste*, 2011.

BENOIST J., *L'adresse du réel*, 2017.

BINOCHE B., *Opinion privée, religion publique*, 2011.

BOURGEOIS B., *Sept questions politiques du jour*, 2017.

CASTILLO M., *Faire renaissance. Une éthique publique pour demain*, 2016.

CHAUVIER S., *Éthique sans visage*, 2013.

FISCHBACH F., *Philosophies de Marx*, 2015.

FISCHBACH F., *Après la production. Travail, nature et capital*, 2019.

GABRIEL M., *Propos réalistes*, 2020.

GODDARD J.-Ch., *Violence et subjectivité. Derrida, Deleuze, Maldiney*, 2008.

HOTTOIS G., *Le signe et la technique. La philosophie à l'épreuve de la technique*, 2018.

KERVÉGAN J.-Fr., *La raison des normes. Essai sur Kant*, 2015.

LAUGIER S., *Wittgenstein. Les sens de l'usage*, 2009.

MEYER M., *Qu'est-ce que la philosophie ?*, 2018.

POUIVET R., *Après Wittgenstein, saint Thomas ?*, 2014.

MOMENTS PHILOSOPHIQUES

Robert MULLER

LA PUISSANCE DE LA MUSIQUE

avec en annexe

Texte et musique chez J.-S. Bach

PARIS
LIBRAIRIE PHILOSOPHIQUE J. VRIN
6 place de la Sorbonne, V e
2021

© *Librairie Philosophique J. VRIN*, 2021
Imprimé en France
ISSN 1968-1178
ISBN 978-2-7116-2971-8
www.vrin.fr

INTRODUCTION

> L'œuvre d'art musicale nous attire complètement en elle
> et nous emporte avec elle, indépendamment du pouvoir
> que l'art en tant que tel exerce sur nous de façon générale[1].

La puissance de la musique est un thème rebattu. Les
Grecs de l'Antiquité lui attribuaient des pouvoirs
merveilleux : elle rétablit l'harmonie de l'âme aussi bien
que la santé du corps ; la lyre d'Orphée attire les arbres et
apaise les bêtes sauvages, celle d'Arion arrête le cours des
fleuves et persuade les dauphins de le sauver de la noyade ;
au son de celle d'Amphion, les pierres s'assemblent d'elles-
mêmes pour former les remparts de Thèbes. Saint Augustin
est si bouleversé par certains chants d'église qu'il s'en
accuse comme d'une faute. Madame de Sévigné se félicite
au contraire de verser des larmes à l'opéra. De nos jours,
on nous assure que la musique développe le cerveau, guérit
la dépression, favorise la lactation des vaches et seconde
les plantes dans leur lutte contre les agressions,
métamorphoses inattendues des anciens mythes. Et depuis
Tyrtée – les Grecs encore – tout le monde sait que la
musique est indispensable pour donner du courage aux
guerriers, et peut être utilisée à des fins beaucoup moins
nobles : « Le malheur est qu'une musique, même de

---

1. G. W. F. Hegel, *Cours d'esthétique*, III, trad. fr. J.-P. Lefebvre et
V. von Schenck, Paris, Aubier, 1997, p. 141.

trompette, prouve fortement quelque chose qu'on ne sait dire, et ainsi prouve n'importe quoi[1]. » Les philosophes disent à peu près la même chose en termes plus savants : la cause semble entendue.

Faut-il accepter sans réserves ces déclarations triomphalistes ? Laissons aux spécialistes le soin de se prononcer sur le monde animal et végétal, mais constatons que les cas de surdité face à la musique ne sont pas exceptionnels chez les humains. « Qui n'a ressenti des frissons en écoutant le *Requiem* de Mozart ou *La jeune fille et la mort* de Schubert[2] ? » écrit un contemporain, qui paraît n'avoir jamais été confronté à des auditeurs indifférents ou hostiles, et précisément à l'occasion des œuvres citées, regardées par lui comme exemplaires de la puissance de la musique. Or des auditeurs qui échappent à l'attraction de ces œuvres, il n'est pas rare d'en rencontrer. Sont-ils sensibles à d'autres musiques ? A aucune ? Les personnes totalement hermétiques à la musique sont peut-être en petit nombre, il s'en trouve pourtant beaucoup pour affirmer qu'elles « ne comprennent rien » à Mozart, Beethoven ou Debussy. Les enquêtes empiriques menées sur ce thème ont naturellement mis en évidence des différences de « culture » au sens large, incluant aussi bien l'âge et les destins individuels que l'appartenance sociale, religieuse, géographique, mais elles ne disent rien de la manière dont les musiques utilisées dans ces expériences agissent sur les individus. Ce n'est pas leur propos, mais la question mérite d'être posée : confrontées à ces cas d'indifférence, relative ou totale, les descriptions

---

1. Alain, *Propos*, II, « Bibliothèque de la Pléiade », Paris, Gallimard, 1970, p. 628.
2. E. Bigand (dir.), *Les bienfaits de la musique sur le cerveau*, Paris, Belin, 2018, p. 61.

hyperboliques de la puissance de la musique sonnent faux. Pour surmonter cette incohérence et comprendre comment cet art peut se révéler tour à tour irrésistible et impuissant, il faut s'interroger sur son mode spécifique d'action, ce qui implique qu'on examine tout autant les particularités de l'objet musical que les conditions de sa réception. La mise en évidence de cette spécificité permettra peut-être de laver du péché d'insensibilité (voire d'inhumanité, comme certains l'affirment) ceux que Mozart ou Schubert laissent de marbre.

Pourquoi donc prenons-nous plaisir à la musique ? Peut-on rendre compte de la manière particulière dont la musique affecte les auditeurs qu'elle ravit ? Ou bien cette particularité est-elle une illusion, et ne s'agit-il que d'un cas parmi d'autres d'expérience esthétique, identique à celle que procurent un tableau, un édifice, un roman ? La question des pouvoirs propres de la musique n'est pas neuve, on l'a dit, mais la nature propre du plaisir musical n'est abordée – quand elle l'est – que dans le contexte d'une réflexion esthétique générale, rarement comme problème spécifique. On admet tout naturellement que les arguments ou les concepts utilisés pour les arts en général valent ici comme ailleurs. De leur côté, les études ayant la musique pour objet propre n'ignorent pas la question du plaisir, mais elles l'abordent le plus souvent comme une question annexe, émergeant difficilement, du même coup, de l'abondante littérature d'histoire de la musique ou des travaux qui traitent de la musique sous l'angle scientifique et technique. On peut regretter cette double lacune, car restent ainsi dans l'ombre maintes théories ou hypothèses extrêmement suggestives, qui éclairent la nature de ce plaisir et plaident clairement pour sa spécificité. A défaut de disposer d'un bilan systématique de l'ensemble

desdites théories et hypothèses, il est possible toutefois de
tirer quelques enseignements des principales d'entre elles.
Mais ce faisant on renonce à tout point de vue historique :
on ne cherchera pas à repérer une évolution dans le temps,
des « progrès » ou des « régressions » ; les doctrines
examinées le sont uniquement pour leur valeur explicative
et leurs limites.

Le point de vue esthétique

La question posée se situe résolument dans une
perspective esthétique : elle est abordée sous l'angle de la
perception de l'œuvre et du plaisir éprouvé à cette occasion.
Une telle démarche implique premièrement que l'on admette
la réalité d'une perception esthétique distincte des autres
formes de perception. Cette réalité est assez largement
reconnue, et il n'entre pas dans le propos de ce livre d'en
établir la légitimité[1]. Sur ce point précis, et quelles que
soient les nuances qu'on pourra être amené à formuler, la
première partie de la *Critique de la faculté de juger* de
Kant constitue une référence majeure. Personne ne conteste,
semble-t-il, qu'on puisse produire toutes sortes de théories
pour rendre compte de la satisfaction éprouvée en présence
d'une œuvre d'art : des mécanismes physiologiques[2] au

1. Il serait vain d'invoquer les nombreux cas d'extase *esthétique*
rapportés dans la littérature. Ces textes qui décrivent le choc produit par
le spectacle de la beauté ont l'immense avantage d'imposer en quelque
sorte, grâce au talent des auteurs, le caractère à la fois très particulier et
irrécusable de l'émotion suscitée à cette occasion ; mais en se référant à
des expériences contingentes ils ne convainquent que les lecteurs qui s'y
reconnaissent.

2. Comme on pouvait s'y attendre, les neurosciences n'ont pas tardé
à prendre le relais, en identifiant notamment les mécanismes cérébraux
du plaisir de la musique. Voir par exemple l'ouvrage cité de E. Bigand
(dir.), *Les bienfaits de la musique sur le cerveau* ; I. Peretz, *Apprendre
la musique. Nouvelles des neurosciences*, Paris, Odile Jacob, 2018.

conditionnement social, en passant par l'infinie diversité des motivations psychologiques, les causes effectives du plaisir ressenti dans tel cas et chez tel individu peuvent de fait être innombrables ; et on aurait tort d'ignorer les recherches menées sur ces différents terrains, ne serait-ce qu'en raison de la confirmation indirecte qu'elles apportent parfois aux tenants de l'esthétique, en avouant leurs limites ou en se posant en rivales les unes des autres. Affirmer la spécificité du domaine esthétique consiste donc simplement à postuler l'existence d'un plaisir irréductible aux causes physiologiques, psychologiques, sociales, politiques – qui ne sont pas niées, mais dont on soutient qu'elles ne suffisent pas à rendre compte de façon adéquate de l'expérience de l'amateur en présence d'une œuvre d'art.

Que cette spécificité ne soit pas facile à analyser, ni même à nommer, est une chose bien connue, et ce fait explique assez qu'il soit tentant de ramener ses causes à des mécanismes connus ; en outre et pour la même raison, les auteurs qui s'y intéressent sont souvent amenés, faute du mot juste, à utiliser un vocabulaire approximatif (le charme, la séduction indicible, le je ne sais quoi qui fascine), lequel ne rend pas justice à leur pensée. En anticipant quelque peu, on remarque par exemple que pour désigner ce domaine dans sa particularité, les Grecs ont été aussi embarrassés que leurs successeurs des siècles classiques, et qu'ils ont recouru à un terme qui pèsera lourd dans le débat, celui d'arts *imitatifs* (ou d'*imitation*). En effet, le mot *technè* (art) signifiant une habileté requérant des connaissances particulières, il s'applique à toutes sortes de productions, et parfois aux connaissances théoriques ; l'adjectif *imitatif* permet alors de distinguer parmi les arts ceux qui produisent des réalités dont la fonction ne s'épuise pas dans l'utilité qu'on peut éventuellement leur reconnaître.

Ces mêmes arts sont généralement associés à l'idée de plaisir, et la représentation par l'imitation se trouve ainsi avoir une fin distincte de l'utilité au sens ordinaire [1]. Cet usage initial de l'idée d'imitation a été vite occulté par sa signification normative, qu'on retrouvera bientôt.

Adopter le point de vue esthétique entraîne une seconde conséquence, à savoir que la question doit être étudiée du côté de l'auditeur. Une pareille affirmation, cela va de soi, ne signifie pas qu'il ne faille pas s'intéresser aux compositeurs, dans le cadre d'une histoire de la musique par exemple, ni donner ses soins à l'analyse des œuvres. Mais se placer d'emblée du côté du compositeur ou de l'œuvre, ce serait apporter une réponse prématurée à la question, à savoir que le plaisir de l'auditeur présuppose la connaissance des intentions de l'auteur et des structures de l'œuvre. Que ces deux éléments puissent par eux-mêmes produire du plaisir, qu'ils soient au moins susceptibles de le renforcer et de l'enrichir, personne n'en écartera l'hypothèse ; mais on ne saurait l'imposer comme un préalable et en faire en quelque sorte a priori la norme du plaisir esthétique.

Un objet insaisissable

Une autre raison encore incite à privilégier l'expérience de l'écoute. La réflexion sur la musique, la chose est connue, se heurte à une difficulté particulière, celle de la définition de son objet. A la différence de la plupart des arts, la

---

1. Voir par exemple Platon, *Epinomis*, 974e *sq*, spéc. 975c-d : après les arts qui servent à acquérir les choses nécessaires, l'auteur aborde ce que nous appelons les beaux-arts (arts de la parole, musique, peinture, sculpture), qui sont « une sorte de jeu », une imitation « qui n'a rien de sérieux ».

musique offre immédiatement à celui qui se tourne vers elle une série d'apories. Tout d'abord, le terme de musique recouvre une grande diversité de catégories ou de genres, entre lesquels on est vite contraint de choisir dès qu'on prétend mener une réflexion sur le sujet. Il y a de la musique partout : au concert, sans doute, mais aussi sur les supports électriques et électroniques (disques, bandes magnétiques, clés, téléphones), à la radio ou à la télévision, au cinéma, dans les magasins, les salles d'attente, les ascenseurs et autres moyens de transport. Une telle énumération décourage l'analyse, car on doute de pouvoir embrasser toute cette variété, et on ignore si ce qui vaut dans un domaine s'appliquera aux autres. Cette omniprésence se redouble d'une grande diversité de genres, de la musique savante (ou écrite) aux différentes formes de musiques dites populaires, en y ajoutant les spécificités résultant des différences de culture, d'un point de vue géographique et historique. Richesse, peut-être, mais compartimentée, et lieu d'intolérances et d'exclusions spectaculaires : l'amateur d'opéra regardant de haut non seulement l'amoureux de la chanson de variété, mais aussi bien son voisin féru de piano ou d'orgue (voire, s'il est wagnérien, son ami qui préfère Bellini ou Verdi) ; et on verra pareillement le spécialiste de telle variété de rock afficher son mépris pour une variété concurrente.

Ce n'est pourtant pas là le plus grave : on peut toujours, pour les besoins d'une recherche, délimiter un champ relativement homogène, mettons celui de la musique dite savante (ou « classique », dans le langage ordinaire), avec l'espoir secret que les résultats obtenus auront une certaine pertinence pour les champs voisins. Et pourtant on se trouve alors face à une nouvelle hétérogénéité qui oblige à faire de nouveaux choix : le plaisir pris au spectacle d'un opéra s'analysera-t-il de la même manière que celui de l'amateur de musique de chambre ? La présence de la voix humaine, dans l'opéra, l'oratorio ou le *Lied*, joue-t-elle un rôle dans la satisfaction éprouvée ?

Reste enfin, à supposer qu'on veuille restreindre encore son choix et s'attacher à un genre (la symphonie), voire à une pièce précise (la 5ᵉ de Beethoven), le problème redoutable de l'identification de l'œuvre. Qu'est-ce qui *est* la *5ᵉ Symphonie* ? La partition ou l'exécution[1] ? Mais quelle exécution ? Se valent-elles toutes et peuvent-elles toutes prétendre être *la* 5ᵉ symphonie ? Dans la tradition occidentale, la musique est majoritairement écrite, et il est tentant de dire que la vérité de l'œuvre est contenue dans la partition. Mais cette dernière ne devient sonore que lors d'une exécution, et pour l'auditeur qui ignore tout du déchiffrage d'une partition la musique ne peut se contenter d'être écrite. Or une exécution n'existe que par l'intermédiaire d'un intervenant, le plus souvent distinct de l'auteur, dans un temps donné et limité. Il faut affirmer alors qu'il y a autant de *5ᵉ Symphonies* qu'il y a d'exécutions ; comme celles-ci dépendent des interprètes, l'identité de l'œuvre se trouve inévitablement compromise : l'interprétation au sens fort fait partie de l'œuvre sans qu'il soit possible ou même envisageable de définir une exécution idéale, *vraie*[2]. Les querelles qui, au nom d'une introuvable

---

1. Pour ne rien dire encore des transcriptions et transpositions, par l'auteur ou par un tiers. Quand Beethoven adapte au piano son concerto pour violon, produit-il une nouvelle œuvre ? Entre autres cas du même genre, on peut relever – en raison de la grande différence entre les deux instruments – celui de J.-S. Bach transcrivant pour l'orgue (BWV 539) la fugue de la première sonate pour violon *seul* (BWV 1001).

2. L'interprétation de l'auteur en personne souffre de la même contingence : sans compter qu'il n'interprétera pas nécessairement ses

vérité, naissent régulièrement au sujet des interprétations en concert ou sur disques, parfois très éloignées les unes des autres, montrent assez qu'une réflexion sur le plaisir de l'auditeur ne peut ignorer ce fait élémentaire qu'il n'existe pas, en l'occurrence, d'objet esthétique parfaitement défini et immuable. La liberté de l'auditeur ne se limite d'ailleurs pas à décider de *la* bonne interprétation, elle peut aller jusqu'à *recomposer* les œuvres : il se bornera par exemple à écouter et réécouter telle partie, tel mouvement de son morceau préféré, au détriment de la logique d'ensemble voulue par le compositeur ; les moyens modernes de reproduction lui permettent même de se fabriquer à son gré une succession de pièces indépendantes – en principe – les unes des autres, éventuellement empruntées à des auteurs différents[1]. Un tel auditeur a-t-il tort d'éprouver du plaisir en écoutant en boucle la Badinerie de la *Suite en si* de J.-S. Bach, ou en se faisant sa petite sélection personnelle de *Carmen* ?

Une liberté comparable existe ailleurs, dira-t-on : de tout temps le lecteur a pu sauter des chapitres, isoler une strophe dans un poème et ne retenir qu'elle ; et aujourd'hui l'amateur de cinéma peut se contenter d'extraits trouvés sur des sites Internet, ou faire rapidement défiler son DVD jusqu'à la fin « pour découvrir l'assassin ». Mais on reconnaîtra que l'œuvre offre alors une résistance plus grande : s'il existe des versions différentes de certains films, des romans ou des pièces de théâtre remaniés,

œuvres chaque fois à l'identique, il est arrivé maintes fois que des interprètes soient jugés plus convaincants que l'auteur.

1. Ce procédé est notamment utilisé par la chaîne radiophonique française Radio Classique pour une partie de ses programmes : un mouvement de symphonie, une pièce pour piano, un air d'opéra, etc.

l'amateur, lui, n'a pas à choisir entre des dizaines de versions du même morceau, *dont chacune peut également prétendre être la bonne*; et il est rare qu'on s'amuse à composer un programme de films ou de textes littéraires fait de séquences indépendantes, prélevées sur des œuvres très éloignées les unes des autres, comme c'est le cas en musique. La liberté constitutive de l'écoute musicale est d'une autre espèce.

C'est donc dans les limites du point de vue indiqué en commençant, et en tenant compte de la spécificité du sujet étudié, qu'on tentera d'analyser la nature du plaisir musical et par là de jeter quelque lumière sur la puissance propre de la musique, en ne distinguant pas pour l'instant entre les objets impliqués dans ce plaisir (genres de musique, écoute en continu d'une œuvre entière ou écoute fragmentaire, etc.). On s'aperçoit assez vite, une fois écartés les points de vue qu'on a ci-dessus jugés non pertinents, que les explications avancées ressortissent en fait à un petit nombre de types.

– Pour beaucoup, la satisfaction de l'auditeur implique nécessairement la reconnaissance du contenu « représenté », cette représentation pouvant être caractérisée de diverses manières (imitation, expression, évocation etc.).

– Pour d'autres, elle est due à la saisie d'une forme ou d'un jeu de formes, indépendamment ou en plus de la perception d'un contenu.

– Certains, plus rares, veulent que l'impact de la musique tienne essentiellement aux processus physiques en jeu, en dehors de toute référence à un contenu ou à des formes; on peut rattacher à cette façon de voir certaines conceptions antiques et médiévales centrées sur l'« harmonie » existant entre la musique, le monde et l'âme[1], ou encore les spéculations sur les rapports entre la musique et la transe.

– Dans la littérature plus récente, on discerne un autre type d'explication, bien que son originalité soit peut-être moins assurée qu'il n'y paraît. On y récuse pareillement l'opposition entre l'imitation et le formalisme, mais tout autant la simple recherche d'« effets » sur l'auditeur : les œuvres du musicien sont pensées comme des réalités nouvelles qui s'inscrivent dans le monde, l'enrichissent, le transforment par leur présence ; la satisfaction de l'auditeur vient alors de la nouvelle familiarité ainsi créée avec le monde, de la perception d'un « sens » quasi métaphysique[2], ce qui est bien autre chose que la perception de représentations d'objets ou de « sentiments ».

On peut discuter pour savoir si ces types s'excluent mutuellement ou s'ils peuvent se combiner. Mais la vraie question, une fois éclaircis les divers principes d'action invoqués, est plutôt de comprendre comment ces principes parviennent à expliquer les effets de la musique ; car enfin il ne va pas de soi que la « reconnaissance » d'une réalité quelconque, pas plus qu'une perception de formes, soient comme telles source de plaisir, et cause de la puissance déconcertante de cet art.

---

1. Si l'on admet que cette harmonie ne passe pas par une saisie explicite des formes ou structures en question. Voir par exemple Platon, *Timée*, 47d (texte et trad. A. Rivaud, Paris, Les Belles Lettres, 1925) : contre l'idée d'un plaisir irrationnel procuré par la musique, l'auteur fait valoir que l'harmonie de cette dernière est faite de mouvements de même nature que les révolutions régulières de l'âme en nous. *Cf.* l'allusion d'Aristote, *Politique*, VIII, 5, 1340 b17, dans R. Muller et F. Fabre, *Philosophie de la musique*, Paris, Vrin, 2013, p. 77-93.

2. C'est ce qu'on peut extraire de certaines déclarations de Debussy, par exemple, ou encore plus explicitement des écrits de F.-B. Mâche.

LE SENS DE LA MUSIQUE

Une opinion largement partagée, et dont même le plus réticent des théoriciens a du mal à s'affranchir, veut que pour être appréciée la musique doit « parler » à l'auditeur, doit le « toucher », au minimum l'intéresser. Les guillemets qui accompagnent ordinairement ces termes montrent que leurs utilisateurs ont conscience d'en faire un usage impropre, tout en étant persuadés d'être compris : si l'auditeur doit s'intéresser à ce qu'il entend et l'apprécier, il doit au moins percevoir ou ressentir *quelque chose* qui ait un minimum de sens pour lui. Une succession d'événements sonores sans suite (pour lui), qui ne signifient rien pour lui, sera reçue comme du bruit, plus ou moins désagréable selon les cas. C'est à peu près ce que déclarent tous ceux qui, justement, ne prennent aucun plaisir lors d'une audition parce qu'ils entendent une musique à laquelle ils ne sont pas accoutumés, qui apparaît comme trop éloignée des codes et formes qu'ils connaissent : « Je n'y comprends rien ! Tout ça ne veut rien dire ! »

On pourrait penser qu'avant toute considération d'un « sens » de la musique, une manière simple et efficace de parler ou de toucher consiste à agir directement sur le sens de l'ouïe, de produire des sensations agréables (auxquelles on mêlera quelques sensations désagréables pour en augmenter l'effet), ou plus simplement encore d'imposer à l'auditeur un volume assourdissant et une rythmique obsessionnelle, comme dans la musique dite « techno ». Bien qu'elle nous ramène à un point de vue qu'on a souhaité écarter dès le début, celui des mécanismes physico-physiologiques, cette hypothèse refait surface de temps à autre dans la discussion, fût-ce pour être combattue. Platon évoquait déjà, parmi les plaisirs purs, ceux qu'on doit à certains sons « doux et clairs », qui sont beaux par eux-mêmes et non relativement à d'autres [1]. Et l'on peut sans grands risques affirmer avec Rousseau que « tous les hommes de l'univers prendront plaisir à écouter de beaux sons [2]. » La recherche du « beau son » figure parmi les objectifs imposés par les professeurs à leurs élèves ou poursuivis par les interprètes ; et nombre de compositeurs se sont passionnés pour les couleurs instrumentales et les associations de timbres. Mais bien rares, chez les uns comme chez les autres, sont ceux qui bornent là leur art : même ceux qui considèrent que la musique est « l'art de combiner les sons d'une manière agréable à l'oreille » ne se contentent pas de juxtaposer des sonorités agréables ; si c'était le cas, ajoute Rousseau, la musique serait « au nombre des sciences naturelles et non pas des beaux arts [3]. »

---

1. Platon, *Philèbe*, 51d, dans les *Œuvres complètes*, sous la direction de L. Brisson, Paris, Flammarion, 2008.
2. J.-J. Rousseau, *Essai sur l'origine des langues*, chap. XIV, dans les *Œuvres complètes*, V, « Bibliothèque de La Pléiade », Paris, Gallimard, 1995, p. 415. Également dans R. Muller et F. Fabre, *Philosophie de la musique*, p. 106.
3. J.-J. Rousseau, *Essai sur l'origine des langues*, chap. XIII, *Œuvres complètes*, V, p. 414). On sait que Rousseau fonde là-dessus son argumentation contre Rameau, à qui il reproche de s'en tenir au physique. Voir aussi le début du chap. XV : « Tant qu'on ne voudra considérer les

Quant à l'auditeur, puisque c'est de lui qu'il s'agit avant tout, rien ne lui interdit de se satisfaire de ce type de plaisir, et l'on peut estimer que l'on tient là une première réponse à la question initiale. On objectera que ce plaisir « ne sera point délicieux », qu'il « ne se changera pas en volupté[1] », qu'il est « inadmissible et impie[2] » d'affirmer que la musique ne vise que ce genre de plaisir ; mais ces arguments psychologiques et moraux ne suffisent pas pour récuser la réalité du plaisir ressenti. La déception suscitée par cette réponse vient d'ailleurs. Si les partisans de cette opinion sont conséquents, ils doivent affirmer que ce plaisir s'explique entièrement par des mécanismes physiques (et éventuellement psychologiques, mais cela ne fait guère de différence), et qu'il est de même nature que celui que procure, par temps chaud, un verre d'eau fraîche ou la caresse du vent. C'est ce que fait par exemple l'épicurien Philodème quand il écrit que la musique ne nous approprie pas plus au plaisir que ne le font la cuisine et la parfumerie[3]. Il faut renoncer alors à parler d'esthétique[4].

On pourrait aussi être tenté de rapprocher cette problématique de celle de la transe en raison des effets spectaculaires et directs que semble avoir la musique sur les participants à ces manifestations ; mais la transe met

sons que par l'ébranlement qu'ils excitent dans nos nerfs, on n'aura point de vrais principes de la musique et de son pouvoir sur les cœurs. » (*Essai*, p. 417).

1. J.-J. Rousseau, *Essai*, XIV, p. 415.
2. *Cf.* Platon, *Lois*, II, 655d, dans les *Œuvres complètes* ; *cf.* également R. Muller et F. Fabre, *Philosophie de la musique*, Paris, Vrin, 2013, p. 61-73.
3. Philodème, *Sur la musique*, IV, col. 92, 1-5, texte et trad. fr. D. Delattre, 2 tomes, Paris, Les Belles Lettres, 2007.
4. On ne peut mieux faire, sur ce point, que de renvoyer aux paragraphes 1-5 de la *Critique de la faculté de juger* de Kant.

en jeu une causalité bien plus complexe que le simple effet physique des sons ; elle s'inscrit malaisément, d'autre part, dans une analyse purement esthétique, la notion de *plaisir musical* suscité par l'*écoute* se révélant trop étroite pour décrire le phénomène de possession caractéristique de la transe[1]. Quant aux théories de l'harmonie entre la musique et l'âme telles qu'elles ressortent de certaines positions pythagoriciennes ou platoniciennes, elles débordent largement elles aussi de ce cadre. A la différence de ce que suggère le terme français, l'*harmonie* des Grecs est d'abord une échelle de sons, une répartition cohérente des intervalles ; c'est cette organisation et son rapport avec la constitution de l'âme qui intéressent Platon et les théoriciens des effets « éthiques » (ou moraux) de la musique : l'échelle lydienne est plaintive, la dorienne et la phrygienne conviennent aux guerriers[2]. Quand il est question du plaisir proprement dit procuré par l'écoute, ces auteurs se réfèrent ordinairement à la doctrine de l'imitation[3].

La façon la plus simple de donner un sens à des phénomènes sonores consiste, semble-t-il, à leur attribuer une fonction de renvoi à quelque chose d'autre, à des objets identifiables distincts des sons. Cette façon de concevoir le problème est largement partagée, et on la rencontre aussi bien sous la plume des exégètes (analysant la force évocatrice d'une œuvre) que dans la bouche des amateurs

1. Voir notamment G. Rouget, *La musique et la transe. Esquisse d'une théorie générale des relations de la musique et de la possession*, Paris, Gallimard, 1980.

2. Platon, *République*, III, 398d *sq.*, trad. G. Leroux, Paris, Flammarion, 2002. Comparer Aristote, *Politique*, VIII, 5, 1340 a38 *sq* et VIII, 7.

3. Platon, *Lois*, II, 658e, 667d *sq.* ; Aristote, *Politique*, VIII, 5, notamment 1340 a12 *sq.*

(ravis de saisir les images ou les sentiments décrits par l'auteur), voire dans les propos de compositeurs soucieux de bien faire comprendre ce qu'ils ont « voulu dire » (comme Berlioz l'a fait pour sa *Symphonie fantastique*). Pour s'exprimer ainsi, il faut être persuadé que la musique a le pouvoir de signifier, c'est-à-dire de renvoyer à des contenus extérieurs à elle-même : à des objets physiques (paysages, orages, machines), à des sentiments (joie et tristesse, enthousiasme ou mélancolie), à des idéaux (la patrie, la fraternité). A en juger par l'abondance des discours qui se fondent sur l'évidence de ce pouvoir, il paraît inutile de s'interroger plus avant sur ce point. Le sujet est pourtant la matière de débats qui remontent à l'Antiquité et ont donné lieu à une riche littérature, preuve que la chose ne va pas de soi. Si l'on persiste à expliquer le charme de la musique par le « sens » ainsi compris, il est indispensable d'examiner les raisons qui peuvent justifier la thèse d'une capacité de la musique à signifier.

Les nombreux travaux traitant de ce sujet s'inscrivent, depuis le XXᵉ siècle, dans le champ de la sémiologie et de la sémantique musicales. Ces travaux, très techniques, étudient de façon précise les procédés mis en œuvre par les musiciens de tous les temps pour transmettre à l'auditeur des contenus extra-musicaux. Quoi qu'on puisse penser de la qualité de ces études, souvent stimulantes par la richesse des détails, elles ont un inconvénient majeur pour le présent propos : par hypothèse, elles traitent le problème en se situant du côté de la composition et des intentions des musiciens, sans prendre suffisamment en compte la réception par l'auditeur, dans sa diversité et ses aléas. Persuadant le *lecteur*, elles ignorent ce qu'est l'écoute pour la grande majorité des auditeurs qui n'ont pas connaissance des théories en question, ou qui les ignorent délibérément.

Or il est difficile d'admettre sans discussion qu'un impératif quelconque, fût-il formulé par le compositeur en personne, puisse imposer de l'extérieur ce qu'il *faut* entendre, ou ce que devrait être une écoute correcte, même si l'éclairage apporté en ces circonstances est utile. Il est vrai que, si on se place d'emblée du côté de l'écoute, le problème se révèle insoluble : les situations d'écoute étant toutes particulières et irréductibles les unes aux autres, on ne voit pas comment on pourrait obtenir autre chose que des généralités peu convaincantes. Il existe cependant un moyen terme : partir des moyens de « signifier » mis en œuvre par les compositeurs ou invoqués par les théoriciens et les commentateurs, et vérifier dans quelle mesure ces moyens sont susceptibles d'atteindre leur but. Or quand on s'interroge sur la possibilité qu'a l'auditeur de saisir les contenus extra-musicaux que la musique aurait pour ambition d'exprimer, il est indispensable de distinguer entre celle qui est accompagnée de texte et celle qui en est privée, le ou les textes fournissant des informations qui retentissent évidemment sur la compréhension.

LA MUSIQUE ACCOMPAGNÉE DE TEXTE

Musique sur des paroles

Dans ses origines grecques, la musique était d'abord et surtout chant, l'instrumentale ne s'introduisant que peu à peu, non sans susciter diverses résistances [1]. Ces résistances s'exprimeront longtemps encore, et on en trouve la trace

---

1. *Cf.* Platon, *Lois*, II, 669e : il est difficile, en l'absence de paroles, de discerner ce que les airs « veulent dire ». Sur le fait que la musique purement instrumentale n'ait pas réussi à s'imposer à l'époque classique en Grèce, voir notamment M. Wegner, *Das Musikleben der Griechen*, Berlin, De Gruyter, 1949, p. 170-171.

jusqu'au XVIII e siècle, notamment en France : « Une musique privée de paroles devient ennuyeuse », écrit le musicien italien E' de Cavalieri ; et dans son *Dictionnaire de musique*, à l'article « Sonate », Rousseau rappelle la formule fameuse de Fontenelle « Sonate que me veux-tu ? », en reprenant à son compte les critiques adressées à la musique purement instrumentale (celle des sonates et des symphonies), qui risque d'ennuyer quand elle est privée de paroles [1]. La présence d'un texte permet à la musique de *signifier* au moins de façon indirecte, l'auditeur l'associant tout naturellement au sens des paroles ; il n'a pas besoin pour cela de s'interroger sur les raisons ou le mécanisme de cette signification proprement musicale, il « comprend » que l'œuvre dans son unité lui parle d'amour, de joie, de mort, etc. Le fait est que jusqu'à aujourd'hui une grande partie de la musique, tous genres confondus, consiste en œuvres de ce type, et beaucoup de gens n'en connaissent guère d'autre : la chanson populaire [2], certaines pièces religieuses pour ceux qui, dans nos pays, fréquentaient les églises ou les temples jusqu'au milieu du XX e siècle. Même si les paroles ne sont pas très bien comprises (surtout quand elles sont en latin), l'auditeur se convainc facilement que la musique – principalement la mélodie et le rythme – *veut dire* à peu près la même chose que ce qu'il devine des paroles : un *Gloria in excelsis Deo* ne sera pas perçu comme un *Dies irae* ; et les mélodies correspondantes, bien mémorisées à force d'être répétées, suffiront ensuite à évoquer tel ou tel climat, telle ou telle signification. Les airs populaires, pareillement, peuvent se passer des paroles,

1. J.-J. Rousseau, *Œuvres complètes*, V, p. 1059 ; R. Muller et F. Fabre, *Philosophie de la musique*, p. 17-18.
2. Les *Victoires de la musique*, malgré leur nom, ne mettent en compétition que des morceaux de musique chantée.

par exemple quand ils servent à la danse : leur sens approximatif demeure dans l'esprit et continue à être perçu. Aux yeux du théoricien pointilleux, cette forme de compréhension ne relève peut-être pas de l'esthétique au sens strict. La question n'est pas anodine ; elle devra être reprise sous une forme plus radicale, et les situations qu'on vient d'évoquer ne devront pas être oubliées.

On étendra sans difficulté ce cas de figure aux œuvres plus complexes, comme le *Lied* et la mélodie, l'opéra, l'oratorio : les épisodes d'une action dramatique ou l'expression de sentiments, garantis par la présence quasi permanente de paroles, offrent à l'auditeur une matière à même de retenir son attention et de suivre ce qu'il entend. Si d'un point de vue quantitatif on prend en compte l'immense production de musique religieuse et de musique dramatique dans la tradition occidentale, et si l'on y ajoute la masse considérable des musiques populaires, on comprend que pour beaucoup la question du sens de la musique ne soit pas même posée.

L'inconvénient de cette manière de voir, on s'en aperçoit vite, c'est qu'elle relègue la musique au second plan. Si la satisfaction éprouvée vient de la perception d'un sens, et si cette perception dépend des informations fournies par les paroles (sans parler, le cas échéant, de la mise en scène et du jeu des acteurs), quel rôle reste-t-il à la musique ? La perception est-elle différente lorsque les mêmes paroles sont seulement récitées ? Si elle est identique, la musique est un ornement superflu. A quoi on répond d'ordinaire qu'elle ajoute assurément *quelque chose* : qu'elle renforce, élargit, précise, nuance la signification des mots, qu'elle nous transporte bien au-delà de ce que certains textes médiocres donnent à entendre : qu'on pense à telle tragédie lyrique de Rameau, à tel livret de Verdi, à telle poésie insipide proprement transfigurée par Schubert. S'il en est bien ainsi, il faut accepter l'idée que la musique signifie à sa manière. Mais que veut dire ici *signifier* ? Quel genre de choses la musique est-elle en état de dire ? Quels moyens emploie-t-elle pour cela ? Autant d'interrogations qu'on ne peut laisser sans réponse. Avant d'aborder ces questions, il convient de s'attarder un instant sur une situation un peu différente mais qui présente des difficultés comparables.

Titres et commentaires

A défaut de texte mis en musique, il y a pour le langage ordinaire une autre façon de venir au secours de la musique, à savoir les explications et commentaires fournis par les compositeurs. Ces derniers, à la différence des exégètes et interprètes, peuvent en effet prétendre dévoiler le véritable sens des œuvres, ce qui ne manque pas d'avoir un poids certain dans l'esprit de l'auditeur. Ces explications revêtent plusieurs formes. Parfois on a de simples titres, appliqués à l'œuvre entière ou à ses parties : la *Symphonie Pastorale* de Beethoven, *La Mer* de Debussy ne peuvent pas ne pas évoquer des images ou des significations relativement déterminées quand on a connaissance du titre général et de l'intitulé de chaque mouvement [1] ; beaucoup de pièces de clavecin du XVIIIᵉ siècle français adoptent des titres plus

---

1. Le titre *Pastorale* figure dans la partition publiée en 1826. Après la première audition en 1808, Beethoven donna pour les mouvements les indications suivantes : 1. « Eveil d'impressions joyeuses en arrivant à la campagne » ; 2. « Scène au bord du ruisseau » ; 3. « Réunion joyeuse de paysans » ; 4. « Orage, tempête » ; 5. « Chant des pâtres, sentiments de contentement et de reconnaissance après l'orage ». *La Mer* réunit trois morceaux : 1. « De l'aube à midi sur la mer » ; 2. « Jeux de vagues » ; 3. « Dialogue du vent et de la mer ».

ou moins pittoresques, évocateurs d'animaux, de
personnages, de caractères ou de sentiments[1], qui influencent
inévitablement l'écoute. Mais d'autres œuvres vont plus
loin et proposent de véritables programmes narratifs ou
descriptifs : on pense d'abord aux nombreux Poèmes
symphoniques du XIXe siècle européen[2], bien que la chose
apparaisse déjà au XVIIe siècle, pour ne pas remonter plus
haut : les *Sonates bibliques* de Kuhnau datent de 1700, la
Sonate représentative de Biber peut-être de 1669[3]. Dans
le premier cas comme dans le second, l'auditeur est guidé
dans son écoute, c'est-à-dire invité à faire correspondre,
de façon parfois très détaillée, à tel événement sonore, tel
épisode d'un récit, telle partie d'un tableau, tels sentiments

---

1. Chez F. Couperin, on a par exemple : *Le Rossignol en amour, Les
Fauvettes plaintives, Les Moissonneurs, Le Moucheron, La Galante, La
Fileuse* ; chez J.-Ph. Rameau : *les Tendres plaintes, les Cyclopes, la
Poule, les Sauvages...*
2. Le cas de la *Moldau* de B. Smetana est particulièrement frappant :
une série de précisions descriptives accompagnent les indications de
tempo traditionnelles (*Allegro commodo, L'istesso tempo..., Piu moto*),
invitant à se représenter le cours de la rivière Moldau, de ses deux sources
jusqu'à son cours majestueux final, en passant par une scène de chasse,
un mariage campagnard, les cascades de Saint Jean... Comme exemple
de narration, on peut citer le *Mazeppa* de F. Liszt, la *Danse macabre* de
C. Saint-Saëns, l'*Apprenti sorcier* de P. Dukas. M. Chion a livré un
excellent panorama de l'ensemble de ce type d'œuvres dans *Le poème
symphonique et la musique à programme*, Paris, Fayard, 1993, qui permet
notamment de mesurer l'ampleur du phénomène (comme premiers
exemples de musique instrumentale à programme, l'auteur cite les
adaptations de la chanson *La Guerre* ou *La Bataille de Marignan* de
C. Janequin, ainsi qu'une pièce du *Fitzwillial Virginal Book* datant des
années 1609-1619).
3. Les *Sonates* de J. Kuhnau « racontent » des épisodes de l'Ancien
Testament (David contre Goliath, le mariage de Jacob...), épisodes dont
l'action est explicitée par des sous-titres en italien. La sonate de H. I. F. von
Biber, explicitement nommée « representativa », peint une série
d'animaux : le rossignol, le coucou, la grenouille...

ou impressions. Si son intérêt est éveillé et l'autorité du compositeur aidant, il y a des chances pour que la musique lui « parle ».

Il est évident cependant que le sens ainsi dévoilé se transmet exclusivement par les informations fournies en langage ordinaire. Quand on propose à des auditeurs qui ne les connaissent pas déjà les œuvres qu'on vient d'évoquer sans leur adjoindre la moindre explication, on constate régulièrement que, hormis quelques séquences isolées (une chevauchée, un orage), ils sont bien incapables de reconnaître ne serait-ce que le sujet principal, et encore moins les détails d'un tableau ou les péripéties d'une narration. Il serait mal venu de contester que, grâce aux titres et commentaires divers, ils puissent trouver du plaisir à reconnaître au passage les objets qu'on leur désigne (la danse des paysans ou l'orage de la *Pastorale*, la chasse de la *Moldau*), mais ce n'est pas la question ici : il s'agit seulement de savoir si la musique est à même de communiquer ces contenus au moyen de ses ressources propres. Il est manifeste en outre que, comme pour les œuvres sur textes, les titres et programmes tendent à marginaliser l'élément musical, l'identification des objets prenant le pas sur la saisie des moyens sonores qui la rendent possible [1]. On objectera, comme précédemment, que la musique ajoute « quelque chose » aux explications en langage ordinaire, donc qu'elle signifie « à sa manière ». Mais pour le vérifier, la seule ressource est de se tourner vers les œuvres dépourvues de toute indication « littéraire ».

---

1. Cas plus fréquent qu'on ne croit : il arrive souvent que des spécialistes de l'opéra dissertent à l'envi sur le sens existentiel, psychologique, social, métaphysique des œuvres (celles de Richard Wagner en pâtissent souvent) sans un mot sur la musique.

L'IMITATION ET LA MUSIQUE « REPRÉSENTATIVE »

Il se trouve que la tradition européenne offre une quantité considérable de musiques répondant à cette condition : toutes celles qui ne sont pas composées sur des textes, purement instrumentales donc, et que n'accompagnent aucun commentaire ni programme, ni même de titre autre que formel (Sonate, Symphonie, Fugue, Variations), et comportant tout au plus des indications de tempo (Andante, Vif, Lent) ou de caractère (Allegro, Gaiement) ; ces dernières orientent certes l'attention dans une direction donnée, mais sans renvoi à des contenus extra-musicaux déterminés. S'il y a une « manière » de signifier propre à la musique, c'est dans ces œuvres qu'elle doit être mise en évidence. Les théories de l'imitation au sens large ont le grand mérite – raison de leur succès à travers les siècles – d'apporter une réponse convaincante à cette préoccupation. Leur trait commun : l'affirmation selon laquelle les éléments qui forment le discours musical (en simplifiant : la mélodie, le rythme, l'harmonie, le timbre) possèdent un pouvoir de représentation. Le vocabulaire peut varier selon les auteurs et les époques, mais il s'agit toujours, à partir de la dualité entre les éléments musicaux d'une part, et une réalité extérieure (à la musique) d'autre part, de postuler une capacité de renvoi des premiers à la seconde. De ces trois aspects (les éléments musicaux, la réalité extérieure et le mécanisme de renvoi), le premier doit être examiné en priorité ; on pourra alors s'interroger sur les ressources qu'offrent ces éléments pour faire signe vers autre chose, mais aussi sur la nature des choses « extérieures » susceptibles d'être représentées par la musique.

Les moyens de la musique

Pour éclairer cette question – sans toutefois entrer dans les détails qui relèvent de la technique et de la théorie musicales – on distinguera schématiquement entre ce qu'on pourrait considérer comme les éléments de base, et les formes organisées plus ou moins complexes.

a) *Les éléments de base*

Dans ce type d'analyse, on compare volontiers – non sans risque, on le verra – la musique à un langage, ce qui permet de distinguer des constituants primordiaux et des règles d'assemblage. Quant aux premiers, les sons qu'emploie la musique sont en principe des sons définis en hauteur et en durée (pour ne rien dire encore de l'intensité et du timbre), ce par opposition au bruit, bien que ce dernier soit utilisé aussi dans un certain nombre d'œuvres. Pour autoriser une définition en hauteur, le continuum sonore sera divisé de façon régulière et ramené à un nombre fixe de positions connues, disons les notes d'une gamme [1]. Les morceaux de musique qui nous sont familiers emploient généralement un nombre limité de ces gammes, elles-mêmes partagées entre deux modes, le majeur et le mineur, en fonction de la place des demi-tons dans une gamme donnée : c'est ainsi qu'une pièce en ré majeur sera composée

1. Il serait hors de propos d'exposer les problèmes soulevés au cours des siècles par l'élaboration des gammes (la grandeur et la répartition des intervalles dans une octave ; sur ce point, voir P. Bailhache, *Une histoire de l'acoustique musicale*, Paris, CNRS, 2001. Pour toutes les questions scientifiques et techniques concernant la musique, on peut se reporter à M. Honegger (dir.), *Science de la musique*, 2 vol., Paris, Bordas, 1976 ; C. Abromont et E. de Montalembert, *Guide de la théorie de la musique*, Paris, Fayard-H. Lemoine, 2001 ; C. Accaoui (dir.), *Eléments d'esthétique musicale*, Paris, Actes sud-Cité de la musique, 2011.

prioritairement [1] avec des notes de la gamme de ré majeur.
– Une succession de sons engendre une mélodie ; mais la
succession introduit la temporalité : la mélodie ne résulte
pas seulement des différences de hauteur, elle dépend aussi
de la durée des sons, de chaque son en particulier, de la
répartition des durées sur toute sa longueur, et du tempo
ou de la vitesse d'exécution.

Les théoriciens de l'imitation font remarquer que ce
niveau élémentaire offre déjà des ressources à qui veut
« dire » quelque chose en musique, autrement dit que l'on
peut apercevoir dès le point de départ des indices d'un
pouvoir de signifier. On admettra par exemple que les sons
de la musique peuvent évoquer d'autres sons, cris d'animaux
ou bruits naturels comme le vent ou le tonnerre. Tout le
monde reconnaîtra sans doute aussi qu'une simple inflexion
mélodique (avant même qu'il soit question d'œuvre à
proprement parler), associée à un rythme déterminé, peut
apparaître comme joyeuse ou au contraire comme triste,
martiale ou apaisante, monotone ou surprenante, ce qui
est bien une façon de donner un *sens* à la musique, de
renvoyer à quelque chose d'extérieur, en l'occurrence à
des émotions ou des sentiments, des « affects » comme on
disait à l'âge classique. Certains font remarquer que la
langue naturelle est déjà musicale dans son expression
orale [2] : on ne parle pas de la même manière pour charmer
ou pour menacer, pour exprimer sa joie ou sa peine,
pour affirmer ou pour questionner ; il y a une mélodie

1. « Prioritairement » veut dire qu'en réalité ré majeur sera considéré
comme la tonalité dominante, ou de référence, mais que la pièce passera
selon toute vraisemblance par plusieurs autres tonalités avant de conclure
à nouveau en ré majeur (on appelle modulation le passage d'une tonalité
à une autre).

2. J.-J. Rousseau, *Dictionnaire de musique*, dans *Œuvres complètes*,
V, p. 885 ; E. Kant, *Critique de la faculté de juger*, § 53.

de la langue, que la musique, même en l'absence de paroles, peut imiter lorsqu'elle a l'ambition de dire quelque chose. Le pouvoir d'expression ou de signification des différentes gammes, en majeur et en mineur, est revendiqué depuis au moins le XVIIᵉ siècle. Le compositeur Marc-Antoine Charpentier, par exemple, propose un tableau de l'« énergie des modes » pour l'expression des différentes passions : mi majeur est « querelleur et criard », ré mineur « grave et dévot ». Rameau, dans le *Traité de l'harmonie*, estime lui que mi majeur est propre aux chants tendres et gais, que ré mineur convient pour exprimer douceur et tendresse [1]. Un amateur sentira parfois ces mêmes affects dans de simples accords. Peu importe pour l'instant que ces qualifications paraissent plus ou moins arbitraires, ou que l'auditeur perçoive autre chose que ce que le compositeur avait à l'esprit, l'important est que ces dispositifs, pour l'auditeur, sont de fait susceptibles de lui « dire » quelque chose.

Ces premières données doivent être complétées par d'autres facteurs d'enrichissement des sons : l'intensité, le timbre (une mélodie ne sonne pas de la même manière si elle est murmurée ou déclamée, si elle est jouée sur un violon ou sur une trompette), ainsi que par la possibilité de faire entendre simultanément des sons différents. La simultanéité sera dite horizontale lorsqu'on superpose plusieurs mélodies (c'est la polyphonie au sens étroit, illustrée par exemple par Josquin des Prés ou Roland de Lassus), et verticale si elle se présente sous forme d'accords, suivant les lois de l'harmonie (comme dans l'harmonisation

---

1. Les deux tableaux sont reproduits dans R. Legrand, *Rameau et le pouvoir de l'harmonie*, Paris, Cité de la musique, 2007, p. 146-147. Voir *supra*, p. 22, les valeurs éthiques attribuées aux échelles des anciens Grecs.

simple d'une chanson). On notera au passage que ce matériau est loin d'être immuable : selon les époques, les écoles ou les choix des compositeurs, on aura affaire à des différences considérables : Josquin, Wagner ou Schönberg n'utilisent pas le même genre de gammes, n'ont pas la même conception de l'harmonie, et les timbres dépendent aussi de l'évolution de la facture instrumentale. Mais ces différences intéressent d'abord l'histoire de la musique et le génie des musiciens : l'auditeur de notre époque découvre, avec inquiétude peut-être, qu'il est confronté à une grande variété de sons ou d'effets sonores dont la maîtrise risque de lui échapper, et ce avant même qu'il soit question de mise en forme, de composition au sens propre.

b) *Les formes organisées*

Pour cette étape décisive, on pourrait dire naïvement que le compositeur n'a qu'à puiser dans le fonds constitué par les éléments qu'on vient de mentionner, d'assembler à sa guise ceux qu'il aura choisis, pour en faire un tout selon sa fantaisie. On devine que ce résumé passe sous silence quelques petits problèmes, à commencer par la définition du *tout* en question : à quelles conditions un assemblage de sons peut-il prétendre être une œuvre musicale ? Le très grand nombre de possibilités qui, dans une perspective purement combinatoire, s'offre à celui qui entreprend un tel travail aurait de quoi décourager le plus audacieux si les circonstances ne venaient à son aide : le compositeur appartient à une époque, et il écrira peu ou prou dans les styles de son temps ; il a étudié telle ou telle tradition, et il aura une préférence pour le concerto à l'italienne ou pour la suite française ; il reçoit une commande pour tel type d'œuvre, une messe ou un opéra ; il dispose de tels ou tels interprètes, etc. En d'autres termes, avant même qu'il se mette à l'ouvrage, un certain nombre de possibilités auront été éliminées et des choix lui sont imposés. C'est dire aussi qu'aucun compositeur ne part de zéro : un grand nombre de formes et de modèles lui préexistent, il les reprendra fidèlement ou les traitera à sa manière, peut-être en inventera-t-il de nouvelles mais sur la base d'éléments déjà élaborés. Pour mesurer les conséquences que la mise en forme définitive de l'œuvre va avoir sur sa capacité à signifier, il suffit alors d'indiquer en un mot le principe qui, aux yeux d'une partie des théoriciens, explique cette capacité : reprenant l'analogie avec le langage ordinaire, on nous explique que le musicien assemble les éléments initiaux comme l'écrivain assemble les mots, selon certaines règles de bonne formation comparables aux règles de la syntaxe. De même que le sens global d'une phrase est le résultat de la combinaison des sens particuliers de chaque mot[1], de même le *sens* d'un mouvement de sonate serait obtenu en combinant les significations partielles attachées aux éléments primordiaux dont il est fait. Mais pour bien comprendre ce qui dans la musique équivaudrait à la syntaxe, il est préférable de ne pas se contenter d'un principe, et de donner un aperçu des formes ou organisations en question. La complexité de la musique savante[2] est telle, toutefois, qu'on ne saurait les passer toutes en revue. Aussi, plutôt que de parcourir la liste des œuvres existantes on peut, pour clarifier les choses,

---

1. La première articulation, dans les termes de A. Martinet, *Eléments de linguistique générale*, Paris, A. Colin, 1967, p. 13.
2. Comme annoncé, et pour des raisons évidentes d'économie, les explications et les exemples seront empruntés au domaine de la musique dite savante de la tradition occidentale.

esquisser une sorte de genèse imaginaire[1] des types complexes à partir des organisations les plus simples.

Une mélodie simple est susceptible de former un tout, pour peu qu'on y décèle un début et une fin (le thème du *Boléro* de Ravel, celui de l'« Hymne à la joie » de la *IXᵉ Symphonie* de Beethoven), mais elle ne sera considérée comme une œuvre véritable que si elle subit un certain traitement, fût-il minimal. Elle peut être répétée et alterner avec une autre mélodie de proportion comparable, et l'on obtient un schéma de type refrain et couplet, point de départ de la forme plus savante du rondo (le dernier mouvement de la « Petite musique de Nuit » de Mozart). En même temps qu'elle s'enrichit horizontalement, la mélodie est ordinairement soutenue verticalement par des accords, au minimum par une ligne de basse (dans un choral luthérien ou un *Lied*[2], harmonisés de façon simple). La superposition de deux ou plusieurs mélodies ouvre la voie à la polyphonie, laquelle peut produire, à l'apogée de son développement, des organisations d'une grande complexité et difficiles à saisir pour l'auditeur, bien que son principe soit aisé à décrire. Une même séquence mélodique (un thème) donne lieu aussi à des combinaisons avec elle-même par entrées successives (où il semble que la mélodie se poursuive elle-même), processus qui engendre le canon, l'imitation et finalement, à un degré supérieur de complexité, la fugue. Une mélodie peut encore être répétée en subissant à chaque fois des variations de plus en plus audacieuses, au point de devenir parfois méconnaissable. L'époque classique a

1. Il va sans dire que cette présentation schématique ne prétend pas retracer l'histoire du développement des formes musicales.

2. Il s'agit certes dans ce cas – comme plus loin pour l'opéra ou la messe – d'œuvres sur des textes, mais on n'envisage ici que la forme musicale.

élaboré un type d'organisation plus élaboré selon le schéma dit de la « forme sonate [1] », qui s'est largement répandu et a donné lieu à un grand nombre de chefs-d'œuvre [2].

Ces schémas simples, si l'on ose dire, constituent éventuellement à eux seuls des pièces achevées (un choral, une série de variations, une fugue, un rondo). Mais ils entrent le plus souvent dans des œuvres plus étendues dont ils forment une partie, un « mouvement » : une Sonate ou une Symphonie comporteront par exemple quatre de ces mouvements, chacun organisé selon l'un ou l'autre des schémas mentionnés ; de même un Concerto pourra avoir trois mouvements, une Suite sera faite d'une succession de danses. On aboutit ainsi à des unités plus vastes, obéissant à leur tour à des plans ou des règles d'ordre supérieur : les concertos des XVIIIe et XIXe siècles adopteront volontiers la succession *Rapide-Lent-Rapide*, les symphonies de la même époque respecteront souvent l'ordre *Allegro-Andante-Menuet-Finale allegro* ; les Suites seront fréquemment structurées à partir du schéma de base *Allemande, Courante, Sarabande, Gigue*. Les mêmes observations s'appliquent aux messes ou aux opéras (ensembles réunissant selon un ordre déterminé des parties faites chacune de mouvements

1. Cette « forme sonate » ne doit pas être confondue avec le genre d'œuvre appelé aussi *sonate* dont il est question plus loin. – La « forme sonate » comporte habituellement une exposition, un développement et une réexposition, l'exposition elle-même comprenant un premier thème, un passage modulant, un deuxième thème suivi d'un épilogue. On voit que le degré de complexité s'est considérablement accru depuis notre mélodie initiale.

2. Pour le présent développement, il n'est pas indispensable de passer en revue les différentes formations instrumentales susceptibles d'accueillir les types d'organisation qu'on vient d'énumérer ; mais on admettra sans peine qu'elles vont jouer un rôle non négligeable dans la capacité de la musique à exprimer ou imiter.

ayant leur logique propre : une messe comporte habituellement les chants de l'« ordinaire », à savoir : *Kyrie, Gloria, Credo, Sanctus, Agnus Dei*, dans cet ordre). On peut imaginer enfin des ordres de rang encore supérieur, intégrant plusieurs unités du niveau précédent : un groupement de suites (les *Suites françaises* de J.-S. Bach) ou de concertos (*Les Quatre saisons* de Vivaldi), mais dans ces derniers cas il n'est pas sûr que le compositeur considère réellement le regroupement comme *une* œuvre.

L'imitation

On voit à quoi tend ce survol des formes d'organisation. Si, avec les théoriciens de l'imitation, on admet que les éléments primordiaux sont à même d'évoquer divers affects, voire certains objets naturels, on imagine quel parti un compositeur tirera des multiples combinaisons que ces éléments autorisent dans les organisations qui viennent d'être mentionnées : à la manière de l'écrivain créant toutes sortes de textes à partir des unités de sens que sont les mots, il pourra les agencer de multiples façons : selon les épisodes d'une narration, l'évolution des sentiments d'un personnage, les scènes d'un tableau, etc. On a vu plus haut comment les contenus dépendaient en réalité des paroles, des titres ou des commentaires explicatifs ; on conçoit à présent qu'ils pourraient surgir déjà par le seul truchement de la musique, donc qu'il serait possible de raconter et de peindre en musique ; par ailleurs, que l'idée d'un « renforcement » du texte par la musique, voire d'un « dialogue » entre les deux, n'est pas tout à fait déraisonnable. Les possibilités offertes au compositeur par cet état de choses sont, de toute évidence, extrêmement nombreuses et variées, ce qui a conduit les théoriciens à affiner l'analyse et à distinguer plusieurs catégories d'imitation (au sens large). Sans remettre en cause les classifications proposées ailleurs, on se bornera à examiner quelques cas suffisamment typés pour mesurer la pertinence des théories de l'imitation[1].

a) *L'imitation des phénomènes sonores*

Un premier cas semble s'imposer, celui de la reproduction de phénomènes sonores, qu'on peut appeler imitation au sens restreint : lorsque les sons de la musique imitent d'autres sons de façon plus ou moins naïve, plus ou moins directe mais identifiable, la reconnaissance est en principe aisée. Les objets imités appartiennent à des domaines divers. On trouve d'abord et tout naturellement les cris et chants d'animaux, des oiseaux en particulier, comme dans les œuvres pour clavecin citées plus haut[2], mais aussi d'autres bruits de la nature, tels le tonnerre, le vent, le bruissement des eaux[3], le galop du cheval. Il existe des imitations d'objets ou d'activités techniques, comme la rumeur d'une usine (le *Pas d'acier* de Prokofiev, la *Fonderie d'acier* de Mossolov), le mécanisme d'une locomotive (*Pacific 231* de Honegger), d'un carillon, d'une horloge,

---

1. Les catégories varient selon les auteurs. Deux exemples : dans l'*Encyclopédie de la musique* de A. Lavignac (Paris, Delagrave, 1914 *sq.*), M. D. Calvocoressi distingue la musique *imitative* au sens strict, la *descriptive* et la *représentative* (II, 5, p. 3179 *sq.*) ; C. Accaoui propose musique *descriptive*, musique *expressive* ou *pathétique*, musique *oratoire* (*Eléments d'esthétique musicale*, p. 228 *sq.*). Les différences d'appellation ou d'approche n'empêchent pas les diverses classifications de s'accorder sur bien des points ; les analyses des auteurs mentionnés sont de toute manière très éclairantes.

2. Note 1, p. 28. Les exemples abondent ; citons encore les oiseaux du 1er mouvement du *Printemps* de Vivaldi, ou ceux du *Catalogue d'Oiseaux* de Messiaen. Le lion, le tigre et quelques autres font leur apparition dans la *Création* de Haydn (récitatif n°21).

3. Dans le même mouvement du *Printemps*. Les autres mouvements ainsi que les trois saisons suivantes offrent des exemples comparables.

le tintement des enclumes. Dire que ces imitations sont toujours reconnues du premier coup serait exagéré, mais le principe de reproduire des sonorités par des sonorités qui leur ressemblent paraît avoir une légitimité certaine. Plus directement encore, il arrive qu'un instrument en imite un autre : des accords d'orchestre censés reproduire ceux d'une guitare (*Don Carlos* de Verdi, acte II[1]), le piano évoquant la vielle (dernier *Lied* du *Voyage d'hiver* de Schubert). On ajoutera à cette liste les tentatives plus subtiles consistant à employer des musiques caractéristiques pour désigner une nation (les Hymnes dans la *Bataille de Vittoria* de Beethoven ou l'*Ouverture 1812* de Tchaïkovski, le choral luthérien « Eine feste Burg » dans *En blanc et noir* de Debussy), où l'on ne parlerait pas d'imitation si ces airs étaient joués pour eux-mêmes et non comme ils le sont, de façon allusive et partielle, pour renvoyer à des objets extérieurs.

On remarque cependant que cette catégorie a beau offrir de bonnes ressources pour une imitation efficace, elle reste peu utilisée. Il n'y a que peu d'œuvres entièrement constituées de séquences de ce genre, ces dernières apparaissent le plus souvent comme des moments passagers, intégrés sous une forme stylisée dans une composition plus développée (les oiseaux du *Printemps*), ou comme points de départ de l'inspiration (la *Poule* de Rameau). On comprend facilement pourquoi : outre que cette imitation-là ne permet de désigner qu'un nombre limités de réalités (les phénomènes sonores), il est impossible d'élaborer un vrai discours en se contentant de les juxtaposer. Théoriciens et musiciens ont d'ailleurs tendance à minimiser l'importance

---

1. Acte I dans la version italienne (air d'Eboli, dit le « chant du voile »).

de cette catégorie, voire à la mépriser plus ou moins
ouvertement. Selon Rousseau, « Le tonnerre, le murmure
des eaux, les vents, les orages sont mal rendus par de
simples accords. Quoi qu'on fasse, le seul bruit ne dit rien
à l'esprit[1]... ». Ernst Theodor Amadeus Hoffmann raille
les compositeurs qui veulent dépeindre des événements :
« Vos levers de soleil, vos tempêtes, vos *Bataille des trois
empereurs*, etc. n'ont jamais été que de ridicules égarements,
et ont encouru la juste punition d'un oubli total[2]. » Debussy
va jusqu'à s'en prendre à la *Symphonie Pastorale* de
Beethoven ; parlant de ruisseaux où les bœufs viennent
boire, apparemment, de rossignol en bois et de coucou
suisse, il ajoute : « Tout cela est inutilement imitatif ou
d'une interprétation purement arbitraire[3]. »

b) *L'imitation par analogie*

Lorsqu'on prétend imiter autre chose que des sons, le
détour par l'analogie s'impose, et c'est alors que les *formes*
musicales commencent à montrer leur efficacité. D'une
façon bien modeste encore, dans un premier temps.
Strictement parlant, l'analogie est une identité de rapports,

1. J.J. Rousseau, *Œuvres complètes*, V, p. 417. *Cf.* J.-Ph. Rameau,
Observation sur notre instinct pour la musique et sur son principe, dans
Musique raisonnée, textes réunis par C. Kintzler et J.-C. Malgoire, Paris,
Stock, 1980, p. 146.
2. Allusion à la bataille d'Austerlitz, qui a donné lieu à plusieurs
œuvres de musique descriptive (dont une ouverture pour orchestre de
1806, due au compositeur français L. E. Jadin). Passage extrait des
Kreisleriana de E.T.A. Hoffmann, dans *Romantiques allemands*, I,
« Bibliothèque de La Pléiade », Paris, Gallimard, 1963, p. 899 ; également
dans R. Muller et F. Fabre, *Philosophie de la musique*, p. 190 (pourtant
Hoffmann a lui-même composé en 1814 une *Fantaisie pour pianoforte*
sur la bataille de Leipzig de 1813).
3. C. Debussy, *Monsieur Croche et autres écrits*, Paris, Gallimard,
1971, édition revue et augmentée, 1987, p. 95-96.

et si l'identité en toute rigueur est parfois difficile à établir, des rapports simplement comparables suffisent dans bien des cas pour désigner les objets qu'on veut signifier. Dans un discours musical structuré, on peut mettre en évidence divers rapports auxquels on fera correspondre d'autres rapports, visuels, temporels, ou même des rapports abstraits. Le plus évident est sans conteste celui du haut et du bas : une mélodie qui « s'élève » vers l'aigu évoquera tout ce qui « monte », aussi bien un jet d'eau qu'une montagne, une ascension au propre ou au figuré, la montée d'une tension ; la mélodie peut redescendre, remonter moins ou plus haut, et voilà comment un mouvement mélodique habilement conduit *peindra* une action ou un paysage. Lorsque ce procédé est appliqué à de courtes sections, mot isolé ou expression brève, on parle de figuralisme ou de madrigalisme. La chose est si « naturelle », pourrait-on dire, qu'il s'en rencontre dès le chant grégorien, et que les siècles suivants n'en ont pas été avares [1]. Peinture naïve, dira-t-on ; mais les compositeurs, y compris les plus grands, renoncent difficilement à ce genre de figuration, de façon certes passagère et fugitive. Au début du *Per monti e per valli* de Monteverdi, les « monts » et les « vallées » sont situés aux deux extrémités de l'octave de ré, avec beaucoup

---

1. Dans le chant grégorien, les termes signifiant une ascension sont volontiers – mais pas toujours – associés à une montée vers l'aigu (*Offertoire* de l'Ascension) ; inversement on comprend que la phrase « Notre ventre colle à la terre » (*Introit* de la Sexagésime), descende vers le grave ; on peut même déceler une imitation du vol d'un oiseau dans la *Communion* du 3e Dimanche de Carême ou, dans le répons *Amicus meus* du Jeudi saint, l'image de la potence à laquelle se pend Judas (voir planche I et II, p. 148 et 149). Le procédé est abondamment utilisé par les madrigalistes italiens, mais les exemples sont nombreux jusqu'au début du xxe siècle Voir quelques illustrations très claires dans M. Honegger, *Science de la musique*, I, p. 374, où sont en outre distingués plusieurs types de figuralismes.

de naturel et un bel élan, sans le moins du monde nuire à la réussite de l'œuvre[1]. Qu'on songe aux innombrables exemples relevés dans les cantates de J.-S. Bach : Albert Schweitzer a beau s'offusquer[2], la quasi-totalité des cas sont en fait des motifs musicaux de plein exercice, qui engendrent un développement sonore cohérent[3] et peuvent néanmoins suggérer tel ou tel contenu représentatif. La même opposition du haut et du bas a sans doute incité Rameau à répartir les trois éléments que sont l'air, l'eau

1. Ballet *Tirsi e Clori*, inclus dans le *VIIᵉ Livre de Madrigaux* (voir planche III, p. 150). Comme indiqué ci-dessus, rien n'empêche désormais d'utiliser les œuvres comportant des textes, des titres ou des commentaires ; on examine ici l'aptitude des éléments strictement musicaux à imiter les objets quels qu'ils soient.

2. A. Schweitzer, *J.-S. Bach, Le musicien-poète*, Lausanne, s.d. (après Paris, 1905). L'auteur reproche à Bach d'outrepasser parfois « les limites naturelles de la musique » ; il relève « des thèmes figurant la démarche d'un homme qui trébuche », rendant par exemple la cantate 109 « presque insupportable à l'audition » (p. 237 ; voir l'aria nº 3, *Wie zweifelhaftig ist mein Hoffen*, « Que mon espérance est pleine de doutes ») ; ailleurs la description risque, selon lui, de tomber dans le grotesque (à propos du nº 5 de la cantate 96 : « Tantôt à droite, tantôt à gauche… »). Evoquant les chorals pour orgue BWV 684 et 688, Schweitzer estime que l'instinct descriptif entraîne le compositeur à des excès qui n'ont plus rien de musical, causant une déception à l'audition (p. 236 et 242). Mais il faut préciser que ces reproches sont rares, et que l'essentiel de la contribution de Schweitzer consiste à montrer que Bach manie avec génie le symbolisme musical.

3. Formulation inspirée de P. Beaussant, *Lully*, Paris, Gallimard, 1992, p. 737. Un seul exemple : dans l'air de ténor de la cantate 26 (*Ach wie flüchtig*), il s'agit de l'écoulement rapide des eaux, puis de gouttes qui se séparent : quelqu'un trouvera-t-il à redire à la composition sous prétexte que ces deux images sont « naïvement » rendues, par les doubles croches du violon et de la flûte pour la première, par les instruments s'écartant les uns des autres pour la deuxième ? On peut trouver plus curieux de voir le même J.-S. Bach opposer la droite et la gauche en les plaçant aux extrémités d'une octave, dans un récit de la *Passion selon saint Matthieu* (nº 67, les deux larrons de chaque côté de Jésus).

et l'onde sur trois niveaux de hauteur (intervalle de septième descendante de *mi* à *fa* – avec appui sur *la* – puis remontée vers *la*), dans la seconde entrée des *Indes Galantes*[1].

Le temps et les rapports de vitesse fournissent d'autres analogies aisément décelables. Un mouvement musical régulier, accéléré ou ralenti, interrompu, etc. pourra correspondre à toutes sortes de mouvements analogues, dans la nature (un cours d'eau, un animal, un homme) ou dans l'âme de personnages. Les exemples ne manquent pas, dans les cantates, dans le *Lied*, dans l'opéra. Dans un autre domaine, quand il s'agit de peindre un phénomène purement visuel comme la lumière et l'obscurité, il reste toujours la ressource de les suggérer par des contrastes sonores, d'intensité, de hauteur, d'instrumentation. Chabanon remarque que le musicien qui voudrait peindre le lever du jour peut recourir au « contraste des sons clairs et perçants, mis en opposition avec des sons sourds et voilés[2]. » Pour peu que l'auditeur soit attentif, l'analogie peut même fonctionner de façon plus abstraite : une construction contrapuntique rigoureuse, une fugue en l'occurrence, a ainsi servi à J.-S. Bach pour figurer la rigueur de la loi dans la *Passion selon saint Jean*[3]. On trouve un exemple plus raffiné encore dans la cantate BWV 163 du même : dans le deuxième air, chanté par une

---

1. *Les Incas du Pérou*, air de Huascar « Clair flambeau du monde » (voir planche III, p. 150). *Cf.* de Bach encore, dans le premier récitatif de la cantate 117, les mots *Erden, Luft und Meer* (« Terre, air et mer »).

2. M. Chabanon, *De la musique considérée en elle-même et dans ses rapports avec la parole, les langues, la poésie et le théâtre*, Paris, 1785 ; rééd. Genève, Slatkine Reprints, 1969, chap. v (cité dans R. Muller et F. Fabre, *Philosophie de la musique*, p. 153). Comparer le lever de soleil de la *Création* de Haydn (récitatif n°12, gamme ascendante sur un intervalle de dixième).

3. Chœur n° 38 (*Wir haben ein Gesetz*, « Nous avons une loi »).

basse, le croyant demande notamment à Jésus d'imprimer fidèlement sa propre image dans son âme à lui ; pour cela, le compositeur utilise deux violoncelles obligés, dont le second *s'efforce d'imiter* (dans une sorte de canon irrégulier) le premier : imitation musicale d'une imitation spirituelle… [1].

Dans un certain nombre de cas, le défi relevé par le compositeur paraît moins ambitieux : quand au lieu de chercher à peindre des objets, il choisit de les évoquer. C'est-à-dire qu'il ne vise pas à faire correspondre terme à terme telle analogie sonore à tel objet particulier, mais élabore des ensembles plus vastes (plusieurs phrases, voire tout un mouvement), dont la fonction est d'installer un climat, de suggérer les caractères attribués à des objets ou à des situations. On pense à la *Mer* de Debussy, ou au ballet *Daphnis et Chloé* de Ravel, où il serait assez vain de vouloir repérer dans le détail les indications apportées par les titres (« De l'aube à midi sur la mer », par exemple, pour le premier mouvement de la *Mer*), mais où des séquences plus ou moins longues, difficiles parfois à délimiter, tâchent de correspondre aux sujets indiqués. Avec la *Nuit étoilée*, Henri Dutilleux présente une œuvre inspirée du tableau de Van Gogh qui porte ce titre ; il n'était cependant pas question, précise le compositeur, d'*illustrer* la peinture, d'en produire une sorte d'équivalent sonore ou de transposition musicale, mais de « prolonger » dans l'univers sonore les résonances éveillées par la peinture. On peut citer beaucoup d'œuvres auxquelles s'appliquent ces remarques, toutes celles dans lesquelles un titre impose une image visuelle [2], assez générale toutefois

1. Exemple d'autant plus fascinant que le morceau superpose quatre lignes de basse (en clé de *fa*) : les deux violoncelles, la voix du chanteur, la basse continue.
2. Une rivière, un lac, des jets d'eau, un paysage alpestre.

pour dissuader l'auditeur de chercher une illustration précise à chaque mesure. Les *Tableaux d'une exposition* de Modest Moussorgski fournissent un autre exemple de ce cas de figure, un peu déconcertant néanmoins. On s'attend cette fois à une musique ouvertement descriptive puisqu'il s'agit d'« illustrer » par la musique les tableaux d'un peintre. Mais comme l'ont noté les commentateurs, plutôt que de restituer fidèlement, autant que possible, ce qu'il voit ou a vu, le compositeur prend prétexte de tel ou tel *détail* de la peinture pour exprimer l'impression qu'il lui fait, la réaction qu'il lui inspire. Ce qui nous conduit, en dépit du titre de l'œuvre, à la catégorie suivante.

c) *L'expression des affects ou des états d'âme*

Il est assez logique de ranger dans une catégorie différente les cas où l'imitation n'a plus d'objets identifiables avec précision, mais des états d'esprit, des mouvements indéfinis de l'âme placée dans des situations caractéristiques : joie et tristesse, abattement et enthousiasme, attente et renoncement, espoir et désespoir. Ce ne sont plus des objets extérieurs que l'auteur voudra peindre, mais le retentissement intérieur des objets, ou des interrogations qui assaillent l'individu en diverses circonstances de sa vie. On pense au premier mouvement de la *Symphonie Pastorale* de Beethoven[1] qui s'exprime à peu près en ces termes ; mais il faudrait citer un très grand nombre d'œuvres des XIXe et XXe siècles, symphonies et poèmes symphoniques, pièces pour piano, quatuors à cordes… : les poèmes symphoniques *Les Préludes* de Liszt, ou *La nuit transfigurée* de Schönberg[2],

---

1. Cf. *supra*, p. 27, note 1.
2. Selon l'auteur, « Cet ouvrage n'illustre ni action ni drame, mais se borne à dépeindre et à exprimer des sentiments humains. » (cité dans M. Chion, *Le poème symphonique et la musique à programme*, p. 294).

les quatuors *La jeune fille et la mort* de Schubert, *Ma vie* de Smetana, *Lettres intimes* de Janacek. Le trait commun de ces compositions, qui nous autorise à les ranger dans cette catégorie, c'est que nous disposons à chaque fois de repères extérieurs suffisamment explicites sur les significations que les auteurs ont voulu donner à leurs œuvres : titres, références littéraires (Les *Préludes* : inspiré d'un poème de Lamartine), commentaires dans des lettres ou d'autres écrits.

De quoi le compositeur dispose-t-il pour se faire comprendre, dans ce cas précis ? De toutes les ressources, assurément, que lui fournissent les moyens imitatifs qu'on vient de mentionner, mais avec le risque d'être mal compris : l'auditeur se fiant aux effets répertoriés précédemment, apercevra des tableaux, des objets, des personnages au lieu des impressions, des émotions ou du climat qu'ils signifient – et le compositeur agacé sera amené à protester contre les significations qu'on veut imposer à sa musique. Bien entendu, aucun compositeur connaissant son métier n'utilisera ces moyens imitatifs de façon naïve ou grossière, il variera les effets, empruntant à divers registres, les combinant entre eux. Mais il fera surtout confiance à l'efficacité expressive de la forme comme telle : il est incontestable que les formes qui ont été énumérées plus haut possèdent pour la plupart des pouvoirs de caractérisation ou d'expression : l'alternance couplet-refrain, l'ostinato, la variation sont à même de créer des effets de tension et de détente, d'attente et d'attente déçue, de surprise ; la forme sonate ou la fugue peuvent constituer de véritables dramaturgies à elles seules, par le jeu des questions et des réponses, par l'opposition des thèmes, par la progression d'un développement, par l'exploitation habile des tonalités et de leurs affinités ou contrariétés[1]. Les tonalités ou les modes, on l'a dit ci-dessus avec Charpentier et Rameau, véhiculent déjà un certain « éthos » ou climat moral; on n'aura aucun mal à admettre que lorsqu'ils sont savamment employés et associés aux autres moyens d'expression ou d'imitation, le compositeur saura transmettre à l'auditeur les significations, au sens large, qu'il aura à cœur de lui communiquer.

S'il en est bien ainsi, rien n'interdit d'étendre cette grille de lecture à d'autres œuvres, à celles pour lesquelles aucun renseignement extérieur n'est fourni (« Sonate n° 3 », « Quatuor en fa »), ou pour lesquelles l'information se borne à un titre plus ou moins évocateur (sonate *Pathétique* ou *Au clair de lune*, symphonies *Funèbre* ou *La chasse*[2]), voire à une simple indication de mouvement ou de caractère (*Allegro, Adagio, Con fuoco*). La littérature musicale abonde en tentatives de ce genre, le plus surprenant étant qu'elles se révèlent souvent convaincantes malgré les incertitudes initiales. Ces tentatives ne s'appliquent pas seulement aux musiques qualifiées de « romantiques » ou d'« expressionnistes », mais concernent toutes les époques et tous les genres : un prélude pour clavier de J.-S. Bach

1. Certains pensent que les formes sont en fait *issues de* ces capacités d'expression qu'on leur découvre.
2. Sonates pour piano n° 8 et 14 de Beethoven, symphonies n° 44 et 73 de Haydn. Le fait que, le plus souvent, ces titres ne viennent pas de l'auteur accroît d'ailleurs l'incertitude initiale. D'autres donnent à certaines de leurs œuvres des titres délibérément énigmatiques : tel F. Couperin avec les « Barricades mystérieuses » (*Second livre de pièces de clavecin*, 6ᵉ Ordre), la « Chemise blanche » (2ᵉ Suite des *Pièces pour viole*), ou la « Je ne sais quoi » (9ᵉ Concert des *Goûts réunis*). Pour ne rien dire des titres provocateurs de diverses pièces pour piano d'Erik Satie (*Trois morceaux en forme de poire, En habit de cheval, Préludes flasques…*).

est un ainsi « un chant méditatif et tourmenté » (8 e Prélude du I er Livre du *Clavier bien tempéré*), le clavecin de Frescobaldi devient « l'instrument des confidences [1] ». On trouvera un exemple particulièrement représentatif de cette manière dans les ouvrages de Jean-Victor Hocquard sur Mozart, qui ont l'intérêt de contenir bon nombre d'analyses d'œuvres sans textes ni titres, et donc d'illustrer parfaitement ce dont il est ici question [2].

On dira peut-être que ces explications et commentaires – les derniers surtout – comportent une grande part d'arbitraire, qu'elles dépendent trop étroitement de l'ingéniosité ou des préjugés de l'exégète. Mais avant de soumettre les théories correspondantes à un examen critique, on doit leur reconnaître un certain nombre de mérites. Tout n'est pas arbitraire dans ce qui précède, et les théories de l'imitation au sens large (c'est-à-dire toutes catégories confondues) ont pour principale vertu de rassurer l'auditeur, en le persuadant qu'il *comprend* ce qu'il entend, que la musique a un sens. On peut même admettre que la pédagogie de l'écoute musicale passe inévitablement par ce type de discours. D'éminents compositeurs (Schumann, Prokofiev, Britten [3]) n'ont pas dédaigné les « programmes » et les « illustrations » pour initier les enfants à la musique. Quel que soit l'âge, le détour par le récit, par des caractérisations instrumentales typées, par des comparaisons familières

1. Formules empruntées au *Guide de la musique de piano et de clavecin*, F.-R. Tranchefort (dir.), Paris, Fayard, 1987.
2. L'ouvrage le plus riche : J.-V. Hocquard, *La pensée de Mozart*, Paris, Le Seuil, 1958. Sous un format réduit : *Mozart*, Paris, Le Seuil, 1959.
3. Respectivement : *Album pour la jeunesse*, *Pierre et le loup*, *Variations et fugue sur un thème de Purcell* (où le thème initial est comparé au héros d'une histoire).

peut très bien être une voie d'accès aux codes de la musique, et par suite à des compositions plus « abstraites » : l'auditeur suivra peut-être plus aisément le déroulement d'une fugue si on commence par la lui présenter comme une « histoire », ou comme une conversation entre plusieurs personnages [1], quitte à renoncer ensuite à ces outils étrangers.

Les limites des théories de l'imitation

En dépit des qualités qu'on vient de leur reconnaître et de la séduction qu'elles continuent à exercer, les théories de l'imitation présentent d'importantes failles. Il ne s'agit pas de remettre en question l'ensemble des thèses avancées précédemment (même leurs adversaires les plus radicaux en conservent plusieurs), mais de tester leur cohérence. Les critiques portent plus précisément sur deux points : sur l'aptitude de l'imitation musicale à remplir la fonction qu'on lui prête (peindre, exprimer des contenus extra-musicaux) ; ensuite sur le principe même selon lequel la musique devrait peindre ou exprimer quoi que ce soit. Simplement inefficace dans le premier cas, elle se révèle, dans le second, totalement hors jeu.

A considérer les trois catégories examinées ci-dessus, on ne peut manquer d'être frappé de la dissymétrie qui les affecte : la première est incontestablement la plus efficace ou la plus « sûre », mais elle joue un rôle marginal dans la production musicale prise dans son ensemble ; la troisième à l'inverse est, selon ses défenseurs, massivement présente dans toutes sortes de musiques, mais elle s'expose à une grande part d'arbitraire dans l'interprétation qu'en font les

---

1. Selon un mot de J.-S. Bach à propos du contrepoint : « Imaginez des personnes qui conversent entre elles. » (cité dans L.-A. Marcel, *Bach*, Paris, Le Seuil, 1961, p. 75).

auditeurs. Ce fait ne constitue pas une découverte récente, le risque d'indétermination des signifiants musicaux ayant été relevé depuis fort longtemps. Sans remonter à l'Antiquité, on remarque qu'au temps même de son triomphe apparent, au XVIIIe siècle, l'idée que la musique puisse peindre et imiter a été peu à peu remise en question. On se souvient[1] que, pour beaucoup, la musique purement instrumentale « ne veut rien dire ». Certains esquissent en même temps une doctrine de la signification indirecte, symbolique : « Si les sons ne peignent pas aussi nettement la pensée que le discours, encore disent-ils quelque chose[2]. » Ce genre de propos ne vise pas à nier toute forme de peinture ou de signification, mais il attire l'attention sur le caractère partiellement indéterminé des significations obtenues. Un pas de plus est franchi par l'écrivain Michel Chabanon, qui développe une critique en règle de l'imitation[3]. Sans renoncer à l'idée que la musique nous parle ou qu'elle peigne, l'auteur souligne notamment un double obstacle : 1. la musique ne peut pas imiter ; elle imite mal même les bruits naturels ou le chant des oiseaux ; 2. les passions n'ont pas de cris ou de manifestations sonores caractéristiques que la musique pourrait imiter[4]. Si elle « exprime » malgré tout les passions, c'est parce que l'auditeur décèle toutes sortes de significations grâce aux analogies, même approximatives, grâce aussi aux circonstances de l'écoute

1. Voir *supra*, p. 25.

2. D. Diderot, *Lettre sur les sourds et muets*, dans *Œuvres complètes*, IV, Paris, Hermann, 1978, p. 147.

3. M. Chabanon, *De la musique considérée en elle-même…* Extraits dans R. Muller et F. Fabre, *Philosophie de la musique*, p. 26 et 147 *sq*.

4. « Comment s'assurer qu'Agamemnon, en déplorant le sort de sa fille, chante sur le ton de la nature ? Est-il un père qui ait chanté dans cette situation ? » (M. Chabanon, *De la musique considérée en elle-même…*, p. 357).

(son état d'esprit, les paroles quand il y en a, les décors et
même les accidents extérieurs). Le but de cette critique
est cette fois de mettre en évidence l'essentielle
indétermination du signifiant musical ; non qu'il soit
arbitraire à proprement parler, car il n'est pas rare que les
auditeurs s'accordent sur ce qu'ils perçoivent, mais la voie
est ouverte vers des remises en question de plus en plus
radicales.

La contestation de l'imitation ne se limite pas aux noms
qu'on vient de mentionner. Elle apparaît, plus ou moins
ouvertement, chez maint historien ou musicologue ; et
surtout, au-delà du cercle des spécialistes, elle répond à
l'expérience de beaucoup d'auditeurs déroutés par les
commentaires divergents – voire contradictoires – qu'on
leur propose. La raison de ce malaise est à chercher dans
les limites de la comparaison trop souvent avancée du
« langage » de la musique avec le langage tout court. Ce
dernier doit son extraordinaire efficacité à ce qu'on appelle
sa *double articulation*[1] : la première consiste dans le fait
que tout ce qu'un locuteur souhaite exprimer ou
communiquer passe par l'assemblage « d'unités douées
chacune d'une forme vocale et d'un sens[2] », disons pour
simplifier par l'assemblage de mots. Les mots peuvent
avoir plusieurs sens, mais généralement proches les uns
des autres et limités en nombre ; par suite le contexte
linguistique et les circonstances extérieures font que, dans
la grande majorité des cas et les situations ordinaires de

---

1. Depuis A. Martinet, *Eléments de linguistique générale* ; voir *supra*,
p. 35, note 1.
2. A. Martinet, *Eléments de linguistique générale*, p. 13. La seconde
articulation concerne le découpage des sons en unités non signifiantes,
à leur tour combinables entre elles.

l'existence, l'expression ou la communication ne souffrent
pas d'équivoque, autrement dit que le sens est compris par
les intéressés.

Lorsqu'il était question des éléments primordiaux de
la musique, on admettait implicitement que ces éléments
étaient comparables aux mots d'une langue, qu'il suffisait
ensuite d'assembler selon certaines règles pour produire
des significations compréhensibles par l'auditeur. Mais en
y regardant de plus près on s'aperçoit vite qu'il n'en est
rien. Sans entrer dans le détail des arguments échangés
dans un sens ou dans l'autre, d'ailleurs plus nuancés que
ne le laissent entendre les protagonistes, on voudrait attirer
l'attention sur les points suivants.

a) La difficulté de la détermination des unités est bien
connue des musiciens. Ce qui en musique tiendrait lieu
d'unité (comparable au mot de la langue) est beaucoup
plus difficile à définir. Entre la note ou l'accord isolés et
un mouvement entier, l'analyse s'efforce de découper des
séquences plus réduites susceptibles de jouer ce rôle. On
parle ainsi de *motif*, élément primaire du discours, de
phrase, d'*épisode*, de *période*. Indépendamment du fait
que les théoriciens ont du mal à s'accorder sur leur nature
exacte (longueur, rôle de la mélodie, de l'harmonie, du
rythme), la question se pose immédiatement de la manière
dont le sens se manifeste : chaque motif élémentaire est-il
chargé de signification ? la signification de la phrase résulte-
t-elle de l'addition de ces sens élémentaires ou a-t-elle une
autonomie par rapport à ses constituants ? Dans les ouvrages
spécialisés comme dans les guides d'écoute à destination
des simples amateurs, les résultats de l'analyse ne concordent
pas toujours, et les mêmes divergences se rencontrent tout

naturellement dans le *phrasé* des interprètes [1]. Une différence essentielle se manifeste dès ce stade entre la musique et le langage. Ce dernier progresse dans une seule dimension, si l'on peut dire : la phrase est faite d'un assemblage linéaire de mots, et le sens se constitue sur un seul niveau. La grande majorité des œuvres de notre tradition, au contraire, se développent sur plusieurs niveaux à la fois, c'est-à-dire qu'elles font entendre simultanément plusieurs groupes de notes : plusieurs lignes musicales entremêlées dans un discours de type polyphonique, plusieurs suites d'accords dans une harmonisation simple. Les choses se compliquent encore lorsqu'on a des paroles différentes chantées en même temps, comme dans les motets des XIIIe et XIVe siècles, dans certains airs de J.-S. Bach ou dans des scènes d'opéra, où parfois il faut suivre plusieurs actions simultanées [2]. La possibilité existe dès lors d'isoler telle ou telle partie, de privilégier le chant des violons, les interventions des vents, la ligne de basse, etc., ou dans un ensemble vocal de s'attacher de préférence, par exemple, à la voix supérieure au détriment des autres.

La question du sens s'en trouve considérablement brouillée pour l'auditeur. Comment choisit-il entre toutes ces possibilités, comment construit-il le sens des séquences

---

1. Par exemple pour la *Mer* ou *Jeux* de Debussy. Chez les interprètes, cela vaut aussi bien pour l'articulation d'un thème de fugue.

2. Certains motets comportent jusqu'à quatre textes différents exécutés en même temps. Chez J.-S. Bach comme souvent dans les opéras, les chanteurs ou les personnages peuvent avoir affaire à des textes de sens très différents voire contradictoires. Un cas parmi d'autres : dans la IIe Entrée des *Indes galantes* de Rameau, fin sc. VII, on a un trio constitué d'un duo (les amants chantant leur bonheur sur le même texte) et d'un air (le rival dépité, sur des paroles différentes), le tout dans un même mouvement musical. Mais on peut citer beaucoup d'exemples semblables dans les œuvres dramatiques.

qu'il perçoit, plus ou moins morcelées ou unifiées ? Celui qui concentre son attention sur le tissu polyphonique global aura vraisemblablement une autre perception que celui qui concentre son attention sur le rythme plutôt que sur la mélodie, ou sur un timbre qui tout à coup le frappe ou le séduit, sur la ligne de basse ou de soprano. Il est probable en outre que l'auditeur ne fera pas toujours les mêmes choix lors d'écoutes successives. Tout cela fait beaucoup de « sens » différents, sur lesquels le compositeur n'a aucun contrôle, autrement dit qui échappent à son éventuelle volonté de signifier quoi que ce soit de précis.

b) La valeur sémantique de ces unités est encore plus problématique. A supposer qu'on s'accorde sur les unités pertinentes à sélectionner (ce qui arrive néanmoins assez souvent), se pose la question décisive de leur valeur sémantique. Les théories de l'imitation nous ont apporté une réponse, en s'appuyant notamment sur les ressources de l'analogie. On a reconnu les mérites de ces théories, et on ne conteste guère, semble-t-il, que certains moyens musicaux présentent un caractère d'évidence. Même en ignorant totalement de quoi il retourne, personne ne confond une marche funèbre et une marche triomphale, et il est difficile de ne pas percevoir le mouvement entraînant de tel *Allegro* de symphonie ou la violence d'un orchestre déchaîné [1]. Lorsque les titres ou les paroles permettent de préciser le sujet, innombrables sont les cas où l'auditeur juge la musique « merveilleusement adaptée » à ce qu'on lui signifie. Pourtant, en dépit des apparences, ces évidences ne reposent pas sur le pouvoir signifiant des unités considérées mais, paradoxalement, sur leur indétermination.

---

1. Tous les exégètes reconnaissent un caractère dramatique particulier aux deux seules symphonies en sol mineur de Mozart, les n° 25 et 40.

La première chose à remarquer, en effet, est que ces significations sont toutes extrêmement générales, et concernent ou des aspects du mouvement ou des affects élémentaires ; dès qu'on vise un objet particulier, précis, individualisé (non la lenteur, mais la lenteur de cette rivière ; non pas le bonheur, mais mon bonheur devant le spectacle de cette montagne), l'impuissance de la musique éclate. En retour, cette généralité ou cette abstraction autorise toutes sortes de « remplissements » : lorsqu'une information extérieure invite à percevoir une tempête dans le tumulte orchestral, l'auditeur acquiesce sans difficulté ; dans le cas contraire, rien n'empêche qu'il songe au tumulte des passions ou au fracas d'une bataille. Dans ce dernier cas, c'est-à-dire en l'absence d'information, la culture de l'auditeur averti, ou plus simplement ses habitudes d'écoute, lui feront reconnaître telle ou telle signification, parce qu'il existe selon les époques, les genres ou les compositeurs, des formules ou des procédés récurrents (un chromatisme descendant, un rythme dactylique, un intervalle [1]) pour exprimer des objets ou des situations types (le désespoir, le galop, la mort…). Mais il s'agit alors de savoir, ou d'accoutumance : cela n'implique nullement que ces procédés possèdent en eux-mêmes le pouvoir de renvoyer à ces objets, puisqu'ils peuvent signifier mille autres choses [2], ils sont seulement assez accueillants pour ne pas

1. Ou encore le recours à des motifs ou thèmes appartenant à une culture donnée et dont la signification est évidente pour le public : le *Dies irae* de la messe catholique des morts dans la *Symphonie fantastique* de Berlioz, le choral protestant *Ein feste Burg* dans la *Symphonie « Réformation »* de Mendelssohn.

2. On ne saurait par suite faire un dictionnaire des « mots » de la musique, comme le suggèrent quelques auteurs du XVIIIe siècle (c'est une langue dont il faut « avoir le dictionnaire »). Une montée vers l'aigu signifie-t-elle toujours une ascension plutôt que l'indignation, ou la

s'y opposer. On n'échappe pas à ces difficultés en tentant de construire le sens par un savant assemblage des unités. Si les éléments de base sont fortement indéterminés, leur combinaison a peut-être des chances de réduire l'indécision de l'auditeur, mais de façon non contraignante et sans quitter le domaine des généralités. Réduire l'indétermination d'un constituant isolé suppose que ceux qu'on lui adjoint aient chacun une signification suffisamment circonscrite – comme c'est le cas dans le langage ordinaire, mais jamais en musique.

L'indétermination résultant du caractère général des significations associées aux différents constituants du discours musical peut d'ailleurs aller jusqu'à permettre des utilisations et des interprétations contradictoires. Du côté des compositeurs, il n'est pas rare que les prétendus codes de la signification soient transgressés : un profil mélodique descendant associé à l'image de la hauteur, un mouvement en mineur censé traduire l'allégresse, un timbre éclatant accompagnant un sentiment de componction… les exemples ne manquent pas [1]. Quant à l'auditeur, il est encore moins rare de le voir « se tromper », c'est-à-dire de percevoir le contraire de ce que lui indiquent le compositeur ou les spécialistes. L'expérience est facile à réaliser avec des œuvres pourvues de titres, comme les *Préludes* pour piano de Debussy ou les pièces de clavecin

---

surprise ? Et si ascension il y a, comment savoir si c'est celle d'un homme gravissant une montagne, celle de l'âme s'élevant vers les cieux, ou le jaillissement d'un jet d'eau ? Ce ne serait possible que s'il y avait d'autres unités signifiant de façon sûre « montagne » ou « âme » ; mais le problème se répète, et les sens possibles prolifèrent au-delà de toute saisie concevable.

1. Pour ne pas grossir les notes ni multiplier les exemples, on a reporté dans l'Annexe quelques illustrations empruntées aux cantates de J.-S. Bach.

de Couperin et de Rameau. Quand ces dernières, par exemple, font référence à des affects déterminés (l'*Audacieuse* ou la *Convalescente* de Couperin, la *Joyeuse*, l'*Indifférente*, la *Timide* de Rameau), mais sont exécutées sans que l'auditeur en ait connaissance, on obtient des résultats surprenants ; et comme on peut s'y attendre, le résultat est encore plus éloigné quand il s'agit de titres désignant des objets ou des personnes (Couperin : le *Bavolet-Flotant*, les *Dars-Homicides*, la *Princesse Marie*, la *Sophie*) [1]. Du côté des interprètes enfin (instrumentistes, chefs, chanteurs), on trouve des divergences semblables en dépit de la connaissance approfondie qu'ils ont des œuvres, et malgré le poids des traditions. Il ne s'agit pas seulement des différences de durée dans l'exécution, qui n'impliquent pas nécessairement des conceptions divergentes quant à la signification des œuvres, il s'agit parfois de véritables contradictions dans le sens qu'on leur attribue [2].

Ces observations posent une question de fond : au nom de quoi parlera-t-on ici de maladresse (chez le compositeur) ou d'erreur (chez l'auditeur et l'exécutant) ? On pourra toujours donner libre cours à sa désapprobation, railler un auteur, développer des polémiques à propos des interprètes, à l'instar de ce à quoi on a assisté dans le second moitié du XXᵉ siècle autour de l'interprétation de la musique

---

1. Les exceptions apparentes que constituent les imitations d'oiseaux (le *Rappel des oiseaux* de Rameau) ou de mécaniques (le *Réveil-matin* ou le *Carillon de Cithère* de F. Couperin) ne doivent pas induire en erreur : outre qu'il s'agit là d'imitations directes de sons, les résultats d'écoute réservent plus d'une surprise. – Pour Debussy, cf. *infra*, p. 59, note 1.

2. Le disque nous offre des exécutions radicalement opposées de l'*Allégez-moi* attribué à Josquin Des Prés : pour les uns (Ens. C. Janequin), c'est visiblement une chanson paillarde, d'autres (Munrow) lui donnent – en dépit du texte – un caractère recueilli, quasi religieux. Avec des différences de durée allant de 1 min. 01 à 2 min. 04.

« ancienne ». On peut aussi faire la leçon à l'auditeur, l'accuser d'ignorance. Mais la question à laquelle il faudrait apporter une réponse est celle de la légitimité de la critique : parler de maladresse ou d'erreur suppose qu'on puisse exhiber une norme, une référence incontestable. La volonté expresse du compositeur ? On vient de dire qu'il lui arrive de « se tromper », et cette solution n'est d'aucun secours pour le grand nombre d'œuvres dépourvues de titres ou de commentaires. Et que peut-il m'objecter si je lui affirme que telle pièce évoque pour moi tout autre chose que ce que lui avait à l'esprit ? Ou si je lui avoue que telle autre ne m'intéresse guère, bien que j'admette qu'elle puisse signifier ceci ou cela ? Si la volonté de l'auteur ne suffit pas, encore moins se satisfera-t-on d'autres vérités ou injonctions brandies par les savants. Dans le cas de la musique, la « reconnaissance » (comprise comme l'identification d'un sens) n'obéit à aucune injonction, ne relève d'aucun devoir[1] ; le sens ne résulte pas davantage d'une démonstration de ce qui serait la *vérité* de l'œuvre.

c) L'indétermination relative de la musique se manifeste d'une autre manière encore, quand on s'intéresse aux types de contenus susceptibles d'être signifiés par elle. Si l'on se réfère aux diverses fonctions du langage[2], on voit bien

1. Aucun impératif ne peut être opposé à celui qui, à l'écoute de « Voiles » des *Préludes* de Debussy, rêve aux voiles de Salomé au lieu de se figurer des bateaux sur la mer. Sur ce point encore, les premiers paragraphes de la *Critique* citée de Kant apportent les meilleurs arguments.
2. Par exemple à celles qu'a définies R. Jakobson (voir *Essais de linguistique générale*, I, trad. fr. N. Ruwet, Paris, Minuit, 1963, p. 213 *sq.*) : référentielle (communiquer des informations), conative (commander), expressive (exprimer sentiments ou émotions du locuteur), phatique (établir le contact), poétique (mettre en avant le message comme tel) et métalinguistique (parler du code ou du message lui-même). Aristote avait esquissé quelques-unes de ces distinctions, les Stoïciens en ont proposé une théorie plus complète.

que la musique ne saurait les assumer toutes. On a dit plus haut qu'à la rigueur, et en tenant compte des réserves précédentes, on peut trouver des équivalents musicaux pour les affects les plus généraux, voire pour certains aspects ou objets du monde ; mais comment formuler des recommandations ou donner des ordres avec les seules ressources de la musique ? Il existe certes des signaux sonores (sirènes d'alerte, sonneries militaires, les « trois coups » au théâtre), mais par convention, et dans des domaines très limités qui ne peuvent se comparer aux innombrables usages d'une langue en matière de prescription, des textes de lois aux recettes de cuisine. Il arrive aussi à la musique de « parler » d'elle-même, à l'occasion de concours entre musiciens ou interprètes (on pense aux *Maîtres chanteurs* de Wagner, à telles cantates de Bach) ; mais les jugements émis en ces circonstances passent toujours par les paroles [1].

d) Une autre espèce d'indétermination mérite, quoique secondaire, d'être relevée. Le discours musical, comme le langage ordinaire, contient divers procédés formels qui n'entrent pas directement dans la catégorie des motifs ou des thèmes, qui s'en distinguent en tout cas par leur fonction

---

1. L'auditeur qui entendrait hors contexte l'air n° 20 de la cantate 212 dite « Des Paysans » de Bach ne peut savoir si c'est un exemple de bonne ou de mauvaise musique. Un dispositif musical entièrement identique (même tonalité, même voix de basse, mêmes instruments) avait été utilisé comme échantillon du talent de Pan, lors de sa confrontation avec Phébus (Apollon) dans la cantate 201, n° 7, confrontation dans laquelle il a évidemment le dessous. Mais dans la 212, le même air est un exemple de raffinement, par comparaison avec l'air rustique qui précède. – Le KV 522 de Mozart offre un cas plus troublant. Intitulé « Une plaisanterie musicale », c'est un exemple purement instrumental de mauvaise composition. L'auditeur est censé déceler au passage toutes les fautes et comprendre la plaisanterie ; mais s'il n'y entend que des choses un peu surprenantes et ne perçoit pas la raillerie ?

qui est de ponctuer, de marquer les articulations et de donner une forme cohérente à un ensemble de séquences ou à un mouvement. Cette mise en forme obéit à des règles, ou du moins se soumet volontairement à diverses contraintes, de manière à constituer un ensemble ordonné, cohérent, qui puisse se percevoir comme un tout et non comme une succession aléatoire ou arbitraire. Il en va ainsi, par exemple, de la forme-sonate, de la fugue, de la variation et, à un niveau supérieur de complexité, de la symphonie, de la suite, du concerto, etc. Même les formes libres comme le poème symphonique ou la rhapsodie possèdent une forme que l'analyse peut mettre en évidence. Ces règles et contraintes englobent des procédés plus élémentaires comme les « ponts » (transitions entre deux thèmes), les cadences, la succession des tonalités, les ponctuations rythmiques. Ces règles comportent des variantes, elles ne s'imposent pas au compositeur de façon absolue, ni de la même manière selon les époques ; mais les évolutions historiques et les libertés prises par les auteurs ne ruinent pas la forme, sauf exception, qui reste perceptible à l'auditeur au moins dans ses grandes lignes.

La question est de savoir si l'on peut attribuer un « sens » autre que purement fonctionnel à tous ces éléments formels, c'est-à-dire s'il y a là imitation, représentation de quelque réalité extérieure à la musique, puisque c'est de cela qu'il s'agit présentement. On ne conteste pas qu'ils participent à la signification (dans les cas où on admet que signification il y a), mais il serait aventureux de leur prêter une signification en dehors de leur rôle fonctionnel : une cadence parfaite *marque* un repos ou une fin, mais ne veut rien *dire* de plus. Il faut enfin souligner que ces éléments de structuration ne se laissent pas délimiter aussi aisément que dans les langues. Si certains motifs de transition, certaines formules terminales plutôt conventionnelles semblent n'avoir d'autre fonction que de ponctuer le discours[1], d'autres se fondent si bien dans la substance de l'œuvre qu'on ne sait plus s'il faut les regarder comme de simples contraintes formelles, voire des formules routinières, ou s'ils relèvent d'une volonté d'expression ou d'imitation[2].

Les formes elles-mêmes, on l'a dit, suggèrent des analogies sémantiques, mais la très grande généralité de ces dernières interdit de tirer de cette sorte d'analyse un réel bénéfice quant au sens qui serait ainsi exprimé : on parlera de « poursuite » ou de « prises de paroles » pour décrire les entrées successives d'une fugue, on dira que les thèmes d'une forme-sonate « dialoguent », « contrastent », soit ; mais cela vaut pour des centaines de fugues ou de formes-sonates, et on se demandera pourquoi les musiciens se donnent la peine d'en écrire un si grand nombre si elles « disent » toutes la même chose… Sans compter que le respect étroit de règles formelles figées risque de ne rien

1. Si l'on tient absolument à leur donner un sens, ils risquent de produire des « contresens » (D'Alembert emploie le terme dans sa critique de l'opéra français, par exemple dans son *Fragment sur la musique en général*…, § X, XI, XVI ; texte dans R. Muller et F. Fabre, *Philosophie de la musique*, p. 131 *sq.*). Les règles d'écriture peuvent par exemple imposer une chute de quinte à la fin d'un récitatif, même si les paroles disent le contraire.

2. Pour l'*aria da capo*, qu'on peut schématiser par la forme ABA (la première partie est reprise après la partie centrale), les spécialistes se demandent parfois si la partie *A* doit être répétée à l'identique, pour que la construction conventionnelle en arche soit parfaitement symétrique, ou bien si l'on doit y introduire variations et ornements pour modifier l'expression. Même question pour les barres de reprise à la fin d'une première partie ou à la fin d'un mouvement : certains interprètes refusent d'en tenir compte sous prétexte qu'il s'agit d'une pure convention ou d'une exigence commerciale, alors que d'autres estiment qu'une reprise, même parfaitement identique, contribue à l'expression en installant le discours dans une temporalité différente, élargie.

« signifier » d'autre qu'un manque d'inspiration. Si l'on veut être moins sévère, on reconnaîtra au moins que certaines contraintes ou habitudes liées à la structuration d'un mouvement ou d'une œuvre (la succession des tonalités aux temps baroque et classique, l'ordre des parties d'une symphonie ou d'une suite) ne peuvent être systématiquement interprétées en termes d'expression ou d'imitation, justement parce qu'elles se répètent à l'identique – tout en donnant lieu à des réussites incontestables.

e) En élargissant quelque peu le sujet, on devrait mentionner encore d'autres contraintes pesant sur la composition musicale (comme d'ailleurs sur l'œuvre d'art en général), lesquelles engendrent des résultats qui ne dépendent pas de l'artiste, et avec lesquelles il s'arrange comme il peut. Il ne s'agit pas seulement de la structure d'un mouvement ou d'une symphonie, mais de considérations extérieures et totalement contingentes au regard des intentions du compositeur : la commande, la disponibilité des interprètes, les capacités exceptionnelles de certains de ces derniers comme aussi leurs limites, ainsi que celles des instruments disponibles. Le musicien qui reçoit commande d'une Messe tient nécessairement compte de la succession des pièces imposée par la liturgie. La présence fortuite d'un trompettiste virtuose a, semble-t-il, suggéré à J.-S. Bach la combinaison peu habituelle de la trompette avec la voix (cantates 51 et 77). La transposition (dans une autre tonalité, pour un même instrument ou pour d'autres) est une pratique assez répandue à certaines époques, lorsque les interprètes, la technique instrumentale – voire les caprices d'une chanteuse – l'imposent. Les cas de ce genre sont extrêmement nombreux, les artistes travaillant très souvent pour un public (un marché, dit-on aujourd'hui), un mécène, une institution qui peuvent avoir des exigences précises[1]. On se gardera d'en tirer la conclusion que les œuvres ainsi produites sont de qualité inférieure ; dans leur grande majorité, les compositeurs ont parfaitement su s'accommoder de ces contraintes et faire parler leur métier, ou leur génie, pour « dire » ce qu'ils voulaient[2]. Il faudrait veiller seulement à ne pas interpréter systématiquement ces nécessités extérieures dans un sens esthétique, que ce soit d'ailleurs pour faire crédit à l'auteur d'une intention là où il y a simple soumission, ou inversement pour l'accuser de faiblesse[3].

Résumons. En partant de l'idée largement admise que, pour être source de plaisir, il faut que la musique nous parle, nous « dise » quelque chose, on a cherché les moyens grâce auxquels elle pourrait le faire. Personne ne nie, semble-t-il, que le pouvoir physique des sons puisse plaire, produire des sensations agréables, mais sans nous *parler*

1. En France au XVIIe siècle, les autorités ecclésiastiques avaient imposé des limites de durée à la plupart des pièces des Messes pour orgue, ce qui suffit à expliquer leur brièveté. Même problème pour les messes brèves de Mozart.

2. Il y a des exceptions, bien entendu. Plus d'un s'est plaint de l'insuffisance des interprètes, comme Rameau qui a dû supprimer le 2e Trio des Parques du IIe acte d'*Hippolyte et Aricie*, trop difficile pour les chanteurs. D'autres ont rusé avec les contraintes, comme Schubert qui, dans sa Messe en *mi b* (D 950) a discrètement supprimé deux versets du texte canonique du *Credo*, parce qu'ils ne lui convenaient pas. Ou encore J.-S. Bach, qui n'a pas hésité à introduire deux passages de l'*Evangile de Matthieu* dans sa *Passion selon saint Jean*, les n° 18 (= 12c dans une nouvelle édition, postérieure au Catalogue de Schmieder ; les larmes de Pierre) et 61 (= 33 ; le tremblement de terre qui suit la mort de Jésus), sans doute pour les effets « dramatiques » qu'ils permettent.

3. Le changement de tonalité voulu par l'adaptation à un autre instrument n'implique pas le *choix* d'un autre climat affectif. Il s'est trouvé des critiques pour attribuer la brièveté des pièces composant les Messes françaises pour orgue à un manque d'inspiration.

beaucoup ; et l'on constate que dans les grandes œuvres de notre tradition ce pouvoir joue un rôle à la fois subordonné et limité. Inversement, lorsqu'on dispose d'un texte, paroles du chant ou commentaires ajoutés, l'œuvre *parle* et contient toutes les significations qu'on voudra, mais rien ne prouve que celles-ci ne viennent pas plutôt du texte que des moyens musicaux. Pour le prouver, d'autres théoriciens prétendent montrer qu'il existe toutes sortes de ressources purement musicales permettant d'*imiter*, en prenant le mot au sens large, c'est-à-dire de désigner ou de représenter avec une précision suffisante, bien que de façon indirecte (au moyen d'analogies), des réalités extérieures à la musique. L'examen de ces prétentions aboutit néanmoins à constater le caractère essentiellement indéterminé du langage musical.

Mais il faut bien entendre cette conclusion. Elle n'a certainement pas pour fin de condamner les nombreux compositeurs qui ont eu recours à ces moyens, avec plus ou moins de conviction ou de sérieux d'ailleurs, ou qui y ont puisé leur inspiration. Elle ne remet pas non plus en cause la qualité des œuvres dans lesquelles cette volonté d'imiter se manifeste de façon évidente, ni même les procédés parfois naïfs utilisés à cette fin (même un artifice discutable dans son principe peut engendrer des chefs-d'œuvre ; qu'on songe au jugement de Debussy sur la *Symphonie Pastorale* de Beethoven). Elle ne conteste pas davantage l'usage pédagogique qu'on fait couramment des analogies de toutes sortes, à l'adresse d'un public d'enfants ou de profanes, ni même l'idée générale que, pour plaire, la musique doive nous parler ou « avoir un sens ». Cette conclusion signifie seulement ceci – qui n'a rien de très original : le discours musical n'est pas un langage au sens propre. Il lui est impossible de communiquer par ses seules ressources des contenus de pensée déterminés, qu'il s'agisse du monde extérieur ou des sentiments et autres états d'âme, ceux du compositeur ou ceux de personnages qu'il veut évoquer[1]. Une telle conclusion n'est pas purement négative, elle laisse ouverte la question de ce qui est perçu par l'auditeur à qui la musique, en effet, « parle ». Mais dans cette dernière hypothèse on renonce définitivement à l'idée que le compositeur puisse maîtriser la signification de ses œuvres. On dira peut-être que certains sens très généraux (la tristesse, la mélancolie, la joie, l'énergie) s'imposent à l'auditeur ; la question reste controversée, et l'expérience ne confirme pas systématiquement cette supposition[2]. Mais même si on l'admet, ces généralités ne répondent pas à la variété des impressions et images induites par les œuvres les plus abouties, ou simplement par celles que l'amateur chérit tout particulièrement.

L'INDÉTERMINATION ASSUMÉE

L'indétermination signifiante

Quel que soit le biais par lequel elles l'abordent, les critiques des doctrines de l'imitation tendent toutes à mettre en lumière l'indétermination du discours musical. Indétermination relative, soit, mais qui suffit à ruiner la

1. Dans l'analyse de Hegel : « La musique est, de tous les arts, celui qui est le plus apte à se libérer, non seulement de tout texte effectif, mais même de l'expression de tout contenu déterminé, pour se donner satisfaction simplement dans une suite, close en elle-même, de combinaisons, modifications, oppositions et médiations qui échoient au domaine purement musical des sons. » (*Cours d'esthétique*, vol. III, p. 135).

2. F. Wolff (*Pourquoi la musique*, Paris, Fayard, 2015, p. 230) cite la Badinerie de la *Suite en si* de Bach (BWV 1067), qui serait immanquablement perçue comme joyeuse ; mais que répondre à cet auditeur prétendant y déceler une pointe de mélancolie ? Qu'il ne *comprend* pas cette musique ?

prétention de la musique à être un langage authentique. En se radicalisant et en se généralisant, ces critiques ont produit deux effets en apparence opposés mais reliés par une même prise de distance par rapport aux musiques se voulant descriptives et narratives : d'une part, une évaluation positive de l'indétermination qui, paradoxalement, signifie, et de l'autre un refus pur et simple de toute idée de signification extrinsèque.

D'un côté, en effet, on a vu apparaître des doctrines selon lesquelles l'incapacité de la musique à peindre et à raconter n'est en aucun cas la marque d'une impuissance, elle révèle au contraire sa vraie destination. Se félicitant plutôt de cette incapacité, certains ne se privent pas de railler les musiciens qui se figurent qu'ils doivent la surmonter : « Avez-vous bien pressenti seulement cette essence propre, ô vous, pauvres compositeurs de musique instrumentale qui vous torturez à grand-peine à dépeindre des sentiments (*Empfindungen*) définis, que dis-je ? … des événements ? – Mais comment a-t-il pu seulement vous venir à l'esprit de traiter plastiquement un art diamétralement opposé à la plastique ? Vos levers de soleil, vos tempêtes, vos *Bataille des trois empereurs*, etc. ont été en réalité de ridicules égarements [1]. » On se trompe, écrit Schumann, si l'on croit que le compositeur a « ce dessein mesquin d'exprimer, de figurer, de peindre ceci ou cela [2]. » La musique n'a pas pour objet les phénomènes, pas davantage les sentiments ou n'importe laquelle de nos représentations ordinaires, elle est « la manifestation d'un ordre d'idées et de sentiments supérieurs à ce que la parole humaine pourrait exprimer. C'est la révélation de l'infini [3]. » La

1. E.T.A. Hoffmann, *Kreisleriana*, voir *supra*, p. 41, note 2.
2. R. Schumann, *Sur les musiciens*, Paris, Stock, 1979, p. 152.
3. G. Sand, *Consuelo*, chap. LI, Paris, Folio-Gallimard, 2004, p. 378.

musique est indéterminée non pas par impuissance, mais parce qu'elle a affaire à quelque chose qui excède notre pouvoir de représentation et appartient à un monde supérieur.

Ces thèses forment le noyau commun de prises de positions diverses, certaines bien argumentées et d'autres moins, mais dont le détail importe peu ici ; ce qui nous intéresse, ce sont leurs conséquences pour l'élucidation de ce qui est saisi par l'auditeur. Une des plus remarquables est qu'on invite ce dernier à modifier sa perception du rapport entre la musique et les textes qui l'accompagnent. D'abord, les compositions instrumentales se voient expressément privilégiées et recommandées : débarrassées des paroles, ignorant les commentaires visant à identifier des objets déterminés, elles sont *purement* musique et offrent à l'auditeur la meilleure chance d'en saisir la vraie nature. Que faire, ensuite, de l'abondante production d'œuvres accompagnées de paroles (la musique religieuse, l'opéra, le *Lied*) ? Vu la quantité de chefs-d'œuvre qu'elle contient, on voit mal comment on pourrait l'ignorer ou la renier [1]. On invite plutôt auditeurs et exégètes à les percevoir autrement : la bonne musique n'est pas esclave des paroles, ni des caractères et situations que ces paroles évoquent ; elle s'appuie sur eux pour s'élancer vers une autre réalité. On ne peut « résoudre en mots ce qui méprise les mots ». L'autre réalité, c'est parfois le beau, le sublime, pour d'autres le « royaume de l'infini [2] ». Le commentateur avisé doit s'efforcer de guider l'auditeur pour le détacher des significations sensibles et le mener vers cet autre monde.

---

1. Schopenhauer a néanmoins des mots peu aimables pour l'opéra, voir *Parerga und Paralipomena*, trad. fr. J.-P. Jackson, Paris, Coda, 2005, p. 759-760.

2. Successivement Wackenroder et Hoffmann (voir R. Muller et F. Fabre, *Philosophie de la musique*, p. 177 et 190).

De là une autre conséquence remarquable, plus ou moins explicite selon les auteurs, le passage insensible de l'esthétique au religieux. Le vocabulaire employé pour désigner l'objet véritable de la musique (l'absolu, le divin, l'infini) ainsi que les modalités de son approche (l'initiation, le sanctuaire)[1] ont incontestablement une connotation religieuse, pour ne pas dire mystique, sans néanmoins se référer à une croyance particulière (l'indétermination règne là aussi) : les termes restent généraux et vagues, et ils peuvent convenir à des religions différentes. Mais l'impression s'installe que l'expérience esthétique se confond avec la saisie d'une réalité supérieure, seule à même de satisfaire pleinement les aspirations les plus profondes et les plus authentiques de l'être humain. Le vocabulaire du plaisir s'estompe, puisqu'il s'agit en réalité d'une expérience intérieure d'une qualité particulière, de nature métaphysique[2].

Une pareille ambition a de quoi séduire, et pourrait mettre un terme au débat. De nombreux lecteurs sincèrement amoureux de la musique se reconnaissent dans ces analyses, même s'ils n'adhèrent pas aux conceptions philosophiques

1. Dans la même page (p. 759), Schopenhauer parle du « langage sacré, mystérieux et intime des sons ».
2. « Croyez que, dans cette symphonie, se cache plus qu'une simple belle mélodie, plus qu'une simple succession de souffrances et de joies, telles que la musique en a déjà exprimé de cent façons – bien plus : qu'elle nous conduit dans une région où il nous est impossible d'avoir souvenance d'être déjà allés… » (R. Schumann, à propos de la *Symphonie n° 9* de Schubert, dans *Sur les musiciens*, p. 106). *Cf.* Jean-Paul, « la musique nous donne la nostalgie d'une patrie dont jamais ne fut foulé le sol » (cité par E. Bloch, *L'esprit de l'utopie*, trad. fr., Paris, Gallimard, 1977, p. 190).

qui les fondent [1]. Il arrive aussi que l'auditeur qui ignore tout de cette littérature adopte spontanément ce point de vue, en particulier lorsqu'on lui parle d'expression des sentiments : les prétendus *aspirations* et *tourments* du compositeur, le *retentissement intérieur* de son expérience du monde et des hommes, deviennent alors pour lui des manières détournées de désigner un autre tourment, d'autres aspirations, relevant d'une sphère plus élevée. Nous avons tendance, écrit Schopenhauer, à revêtir la musique de chair et d'os, à nous représenter des scènes de la vie et de la nature, mais ce sont autant d'ajouts étrangers et arbitraires ; pour une vraie compréhension et un vrai plaisir, il vaut mieux saisir la musique dans sa pureté [2]. L'auditeur, même simple amateur, bouleversé par ce qu'il entend, dépasse alors spontanément le plan du drame individuel pour accéder à « la révélation de l'infini », à l'essence de la musique et au plaisir supérieur qu'elle seule est à même de produire. Les théories de ce type rendent mieux compte de la puissante emprise qu'exerce la musique : il ne s'agit plus simplement de reconnaître des objets, de suivre un récit, d'entendre un message [3] ; l'auditeur est mis en présence

1. On trouvera quelques exemples de cette « ambition » dans notre *Philosophie de la musique* (textes de Wackenroder, Hoffmann). Les analyses de Schopenhauer figurent principalement dans *Le monde comme volonté et comme représentation*, § 52 et Suppl. 39, trad. fr. A. Burdeau revue par R. Ross, Paris, P.U.F., 1978 ; *Parerga*, II, 19, § 218-220 ; dans son cas, elles sont solidaires d'un système philosophique qui leur donne leur sens et leur cohérence.

2. A. Schopenhauer, *Le monde comme volonté et comme représentation*, Suppl. 39.

3. Le terme n'est pas rare sous la plume des musicologues (tel quatuor « nous apporte l'un des messages les plus touchants et les plus directs de Mozart » (à propos du KV 421, *Guide de la musique de chambre*, Paris, Fayard, 1989, p. 637).

d'un ensemble de sentiments et d'événements, passablement indéterminés certes (que les mots ne peuvent rendre, qu'il « pressent » néanmoins), mais auxquels il *participe* intensément puisque ce qui se joue alors dans la musique concerne l'humain en général.

Pourquoi dans ce cas émettre des réserves ? Ne sont en cause ni le talent des auteurs qui défendent ce point de vue [1], ni la pénétration des commentateurs, ni surtout la sincérité des auditeurs qui y trouvent l'expression adéquate de ce qu'ils éprouvent. Mais si l'emprise qu'exerce la musique reçoit par là un éclairage à prendre en considération, la nature de cette *participation* reste dans l'ombre. On pourrait se demander d'abord quel rapport il y a exactement entre le fait de découvrir une vérité ou un monde supérieurs et la satisfaction, le plaisir esthétique ; mais ce point doit être abordé plus loin. Ensuite, il est manifeste qu'on se trouve de nouveau à chercher dans un au-delà de la musique la raison de son efficacité – exactement comme le font les doctrines de l'imitation qu'on récuse par ailleurs : le

1. La philosophie de la musique de Schopenhauer repose sur une doctrine philosophique explicite et argumentée, qui oppose le monde comme volonté, règne du vouloir-vivre universel qui est l'essence de toutes choses, et le monde comme représentation (les Idées), œuvre de l'intellect ; ce dernier peut, notamment par l'art, s'affranchir du précédent ; dans les autres arts, on atteint la connaissance des Idées par la reproduction d'objets particuliers ; mais dans la musique, cet intermédiaire disparaît : la musique « est une objectité, une copie aussi immédiate de toute la volonté que l'est le monde, que le sont les Idées elles-mêmes dont le phénomène multiple constitue le monde des objets individuels. Elle n'est donc pas, comme les autres arts, une reproduction des Idées, mais une reproduction de la volonté au même titre que les Idées elles-mêmes. » (*Le monde* ..., p. 329). Voilà pourquoi elle est une métaphysique : loin de n'exprimer que des sentiments individuels, plus loin encore de peindre des objets du monde phénoménal elle a pour contenu immédiat l'essence même des choses, les différentes formes de la volonté ou du désir.

retournement qui consiste à assumer l'indétermination de l'œuvre musicale pour la convertir en contenu positif ne permet donc qu'en apparence d'échapper aux objections qu'on élève contre ces doctrines, en particulier à celle de l'arbitraire de toutes ces découvertes d'un sens prétendu. Si l'on se contente de déclarer que la vérité à laquelle on accède grâce à la musique est « sans mots », éprouvée au plus profond de soi, qu'elle n'a que faire des concepts de la pensée rationnelle, il faut renoncer à argumenter contre les opinions contraires, et se résigner à abandonner l'auditeur à sa subjectivité, incommunicable par définition, et aux vagabondages de son imagination. On sera incapable de faire la différence entre l'émotion musicale et la rêverie sentimentale ou mystique, et on n'écartera que difficilement le soupçon que la révélation prétendue ne contienne que du vide. L'indicible, malgré les apparences, n'est pas exactement l'indéterminé. Ce dernier terme, on l'a vu, indique seulement qu'il est impossible de choisir entre plusieurs « significations » ou images induites par la musique, par exemple dans le cas d'une mélodie ascendante suggérant une élévation (de quelle sorte ? ascension d'une montagne, jaillissement d'un jet d'eau…). L'indicible désigne l'impossibilité radicale de toute détermination par des concepts, et renvoie à un monde qui échappe par principe à la saisie intellectuelle. Les auteurs dont il s'agit ici semblent parfois hésiter entre ces deux points de vue, mais penchent manifestement vers le second, avec les risques de vacuité que cela implique.

Un autre aspect de cette dérive, plus grave sans doute, est que la musique menace de disparaître – comme elle a tendance à le faire lorsque, pour lui donner un sens, on recourt aux textes d'accompagnement. Plus on met l'accent

sur la réalité supérieure que la musique nous dévoile, moins
on prête d'attention à la réalité sonore elle-même. Tous
nos auteurs ne succombent pas à cette tentation, certes.
Hoffmann par exemple, lui-même musicien de métier et
compositeur, n'ignore rien des aspects les plus techniques
de la réalité musicale. Aussi s'en sert-il avec à propos dans
le commentaire enthousiaste qu'il nous livre de la
5ᵉ *Symphonie* de Beethoven [1]. Le vocabulaire utilisé,
pourtant, reste étrangement vague, c'est-à-dire susceptible
de s'appliquer sans grands changements à des œuvres
différentes : « Ce caractère d'aspiration inquiète, agitée,
que porte en elle cette phrase, le mélodieux second thème
le met encore plus en lumière ! ... Il semble que la poitrine,
serrée et angoissée par le pressentiment de l'immense, de
l'anéantissement qui menace, veuille en des sons déchirants
se donner violemment de l'air ; mais bientôt une aimable
image, toute brillante, surgit et illumine cette nuit profonde
et effrayante (voyez le gracieux thème en sol majeur,
effleuré d'abord par le cor, en mi bémol majeur) [2]... » On
ne peut que recommander la lecture du texte entier, qui
contient beaucoup d'observations intéressantes et
pertinentes ; mais c'est parce que les termes généraux, par
définition, conviennent à beaucoup de choses différentes.
On peut se reporter encore aux commentaires très *littéraires*
d'un autre musicien de métier, Robert Schumann, qui écrit

1. « La musique instrumentale de Beethoven », *Kreisleriana*, dans
Romantiques allemands, tome I, p. 902 *sq.* (*cf.* E. Dufour, *Qu'est-ce que
la musique ?*, Paris, Vrin, 2005, p. 83 ; R. Muller et F. Fabre, *Philosophie
de la musique*, p. 194). Ce texte est une version moins savante d'une
recension parue dans une revue spécialisée, dans laquelle l'auteur use
davantage de notions techniques (recension traduite dans *Écrits sur la
musique*, Lausanne, L'Age d'Homme, 1985, p. 38 *sq.*).

2. R. Muller et F. Fabre, *Philosophie de la musique*, p. 194.

par exemple à propos d'un *Trio* de Schubert : « La première partie […] est gracieuse, confiante, virginale ; l'adagio […] est devenu ici un rêve bienheureux, une ondulation, une fluctuation de beaux sentiments humains [1]. »

Lorsque Schopenhauer recourt au vocabulaire technique pour illustrer sa philosophie de la musique, le même constat s'impose. Les explications qu'il donne des fonctions de la mélodie par rapport à l'accompagnement, du soprano ou de la basse, du rythme, etc., ne manquent pas de pertinence (jusqu'à un certain point), mais elles pèchent par leur caractère passe-partout, c'est-à-dire qu'elles ne permettent pas d'entrer dans l'infinie diversité des œuvres. Si l'on ne s'intéresse pas aux particularités de la forme, à la singularité concrète des œuvres, le recours aux concepts philosophiques censés expliquer ces dernières apparaît comme une échappatoire (même si, en l'occurrence, ces concepts sont rigoureusement articulés). Difficile, dans ces conditions, d'accepter ce qui s'écarte des schémas proposés. L'auteur prétend par exemple que la mélodie principale doit toujours être à la partie supérieure et qu'en conséquence il faut éviter de confier des airs à la basse, car l'auditeur privilégie toujours les parties supérieures, qui ne sont pourtant, dans ce cas, qu'un accompagnement [2] : que faire alors des innombrables pièces, airs d'opéra, d'oratorio, morceaux instrumentaux, chantés par les voix graves ou donnant aux registres inférieurs des parties

---

1. R. Schumann, *Sur les musiciens*, p. 87. C'est, dirait-on, un retour à la « musique expression des sentiments » ; mais Schumann n'a pas d'avis tranché sur ce point, et met en garde ailleurs (voir p. 106) contre la réduction de la musique à cette fonction ; et *cf.* ci-dessus p. 69, note 2 ce qu'il dit au sujet de la *9ᵉ Symphonie* de Schubert.

2. A. Schopenhauer, *Parerga*, p. 761.

importantes[1] ? La notion même de *mélodie principale* est-elle pertinente pour décrire ou analyser n'importe quelle musique ? Pour des auditeurs moins attentifs ou moins informés, le risque que leur fait courir l'usage de catégories aussi générales est qu'il les détourne du détail de la réalité sonore. Pèse alors, à terme, la menace de la surdité pure et simple : la vraie musique est celle qu'on ne remarque pas[2] ; l'élévation spirituelle ou la rêverie sentimentale tiennent lieu d'expérience esthétique.

Le formalisme

On voit bien que toutes les difficultés de l'hypothèse précédente viennent de ce que ses tenants n'assument qu'imparfaitement l'indétermination qu'ils se vantent d'avoir découverte : il y a toujours – et plus que jamais ! – un au-delà de la réalité sonore, de sorte que le passage d'un plan à l'autre, tout comme l'importance respective de ces plans, soulèvent sans cesse les mêmes questions. Ce qui fait la force des théories formalistes, c'est d'avoir clairement mis le doigt sur cette aporie et d'en avoir pris acte pour éliminer le contenu. La formule a quelque chose d'excessif, peut-être, mais il existe réellement de ce côté

---

1. Parmi beaucoup d'exemples, qu'on songe aux chorals luthériens pour orgue dans lesquels la mélodie du choral est au ténor ou à la basse. Ou encore, dans la musique d'orgue française classique, aux basses de trompette ou de cromhorne.

2. Comme l'écrit à peu près l'écrivain allemand W. Heinse cité par E. Hanslick, *Du beau dans la musique, Essai de réforme de l'esthétique musicale*, trad. fr. Ch. Bannelier, 2ᵉ éd., Paris, 1893 ; reprise, Ivry-sur-Seine, Phénix Editions, 2005, p. 98 (= p. 176 dans l'édition de 1986, Paris, Christian Bourgois Éditeur) ; dans R. Muller et F. Fabre, *Philosophie de la musique*, p. 219-220. On pense à Nietzsche s'élevant contre une déclaration de Wagner : « "Ce n'est pas que de la musique" – ainsi ne parle aucun musicien. » (*Le cas Wagner*, § 10).

une volonté explicite d'écarter toute tentative d'assimiler le sens de la musique à un contenu quelconque, fût-il un contenu *indéterminé* : « La musique n'exprime pas de sentiment, ni définis ni indéfinis », écrit Hanslick, après avoir salué la lucidité de tous ceux qui reconnaissent l'indétermination mais ne vont pas au bout de leur raisonnement[1]. La thèse formaliste est parfaitement résumée dans une phrase célèbre de Stravinski : « Car je considère la musique par son essence, impuissante à *exprimer* quoi que ce soit : un sentiment, une attitude, un état psychologique, un phénomène de la nature, etc.[2] » L'impuissance dont il s'agit n'est qu'une autre façon de désigner l'indétermination radicale dont il est question dans les pages précédentes ; et comme c'était le cas pour les partisans du « sentiment indéfini », au lieu d'être un handicap, elle devient le point d'appui d'une définition positive des pouvoirs de la musique, mais cette fois sans le secours d'une transcendance. Autrement dit, cette incapacité des sons organisés à renvoyer à des contenus extérieurs à eux nous découvre la vérité ou l'essence de la musique.

Sur la nature de cette vérité, les réponses sont moins nettes[3]. Un point commun manifeste : le refus de tout ce qui se situe en dehors de l'œuvre dans son objectivité, dont la partition est le meilleur garant. Du côté des compositeurs, ce refus s'exprime ouvertement chez certains à une époque précise, dans la première moitié du xxe siècle. Le même Stravinski, dans le passage cité, affirme un plus loin que seul importe l'ordre réalisé par l'œuvre : « La construction

1. E. Hanslick, *Du beau dans la musique*, p. 41 (= p. 86).
2. I. Stravinski, *Chroniques de ma vie*, 1935, rééd. Paris, Denoël, 1971, p. 63.
3. Voir le clair résumé de C. Accaoui, dans C. Accaoui (dir.), *Eléments d'esthétique musicale*, p. 145-149.

faite, l'ordre atteint, tout est dit [1]. » Pierre Boulez se propose de « fonder des systèmes musicaux sur des critères exclusivement musicaux », et rejette l'opposition de la forme et du contenu [2]. Mais chez les critiques ou les théoriciens, on doit appliquer ce mode d'appréhension à toute l'histoire de la musique. « Si l'on demande maintenant ce qui doit être exprimé au moyen de ce matériel, nous répondrons : des idées musicales. » ; « Les idées qu'expose le compositeur sont, avant tout, purement musicales [3]. » Même lorsque nous connaissons les circonstances de la composition, même quand les auteurs proposent des titres, écrivent sur des textes ou prétendent réaliser un « programme », le critique ou l'auditeur n'est aucunement tenu de les prendre en compte, il doit s'intéresser d'abord (et peut-être uniquement) à l'élaboration musicale propre-ment dite, aux structures, aux formes, bref à l'organisation du matériau [4]. On est aux antipodes de toutes les théories précédentes.

Peut-on réellement, dans ces conditions, parler encore du « sens » de la musique ? Plus simplement, comment la musique « parle »-t-elle à l'auditeur dans cette manière d'appréhender les œuvres ? Pour certains la question est incongrue, tant il est évident que l'analyse (à la fois graphique et auditive) se suffit à elle-même, en stimulant

1. I. Stravinski, *Chroniques de ma vie*, p. 64.

2. P. Boulez, *Penser la musique aujourd'hui*, Paris, Tel-Gallimard, 1987, p. 29 et 31. Selon C. Accaoui (p. 148), le rejet de la distinction forme-contenu peut signifier, selon les auteurs, ou que le contenu est réduit à la forme, ou que les deux sont simplement indiscernables.

3. E. Hanslick, *Du beau dans la musique*, p. 49 (= p. 94) et 28 (= p. 74).

4. Au-delà des formes élémentaires, à la recherche de l'organicité véritable de l'œuvre. Voir par exemple ce que P. Boulez appelle « les constituants indispensables d'une méthode analytique active » dans *Penser la musique aujourd'hui*, p. 14.

la réflexion et l'écoute active. On évite autant que possible de parler de beauté ou de plaisir, on préfère le langage de l'intérêt (intellectuel[1]). La notion qui revient le plus régulièrement, et qui est censée répondre à la question du sens, c'est celle de l'ordre (avec ses variantes : organisation, ordonnancement, unité et organicité d'éléments divers). Diderot avait signalé que la perception de *rapports* est un élément essentiel du sentiment du beau[2], et il est vraisemblable que les doctrines formalistes se réfèrent plus ou moins explicitement à une conception de ce genre. C'est en tout cas ce qu'on peut lire dans le texte déjà cité de Stravinski quand il fait de l'*ordre* le terme de la réalisation : « Tout est dit », le but est atteint ; mais c'est après avoir déclaré un peu plus haut : « La musique est le seul domaine où l'homme réalise le présent. Par l'imperfection de sa nature, l'homme est voué à subir l'écoulement du temps – de ses catégories de passé et d'avenir – sans jamais pouvoir rendre réelle, donc stable, celle de présent[3]. » Ordre donc, mais, dans le cas de la musique, d'un genre particulier, qui implique une interrogation sur le rapport de l'homme au temps.

On mesure le chemin parcouru. Réaliser le présent, surmonter l'imperfection de sa nature, ce n'est pas seulement comprendre, saisir intellectuellement une forme, mais participer affectivement au développement du processus sonore. Stravinski ajoute : cet ordre produit « une émotion d'un caractère tout à fait spécial, qui n'a rien de commun avec nos sensations courantes et nos réactions dues à des impressions de la vie quotidienne ; » il termine par une comparaison avec l'architecture, mais arrête là ce qu'il

1. *Cf.* P. Boulez, *Penser la musique aujourd'hui*, p. 24 ; 27 ; 166.
2. Voir D. Diderot, *Œuvres esthétiques*, Paris, Garnier, p. 387 *sq.* ; p. 418.
3. I. Stravinski, *Chroniques*, p. 63-64.

appelle sa « digression ». La mention de l'émotion n'a rien d'original, mais la nouveauté vient de ce que cette émotion ne doit rien à la perception d'un au-delà qui serait *signifié* par la musique [1]. Cet au-delà n'a pas disparu pour autant. Les auteurs qui se réclament de ce point de vue ne nient pas que la musique puisse représenter ou évoquer, ni qu'on puisse lui associer toute sorte de choses extérieures à elle. Ceux d'entre eux qui composent n'hésitent pas à écrire sur des textes (opéras, oratorios, airs), à proposer des ballets à argument, c'est-à-dire qui racontent une histoire, ou encore des œuvres avec des titres annonçant un contenu. Mais dans tous ces cas, jamais le contenu ou le texte ne sont ni ne doivent être regardés comme *le* but ou *le* sens de l'œuvre, sa vérité.

Les thèses défendues par Stravinski ou Boulez ne concernent pas spécialement leurs propres compositions, elles sont censées s'appliquer à la musique en général. Comme l'écrit un autre auteur contemporain, « toute musique tend à élargir le champ de présence, à instaurer un présent qui dure ; » « l'impression de plénitude que la musique octroie provient pour partie de cet art de durer, de ce temps "éternisé", de ce temps "détemporalisé" [2]. » Cette plénitude octroyée a sûrement à voir avec l'émotion « tout à fait spéciale » que procure la musique, et elle est susceptible de l'expliquer mieux que toutes les théories précédentes. Pour s'en assurer, il convient de changer de point de vue, et d'aborder la question de la puissance de la musique lorsqu'il est fait l'économie du sens.

1. I. Stravinski, *Chroniques*, p. 175 : « … les gens veulent toujours chercher dans la musique autre chose que ce qu'elle est. […] Autrement dit, la musique ne les intéresse qu'en tant qu'elle aborde des catégories de choses qui sont en dehors d'elle… »
2. C. Accaoui, *Le temps musical*, Paris, Desclée de Brouwer, 2001, p. 106 et 107.

Deuxième partie

LA PUISSANCE DE LA MUSIQUE

Le débat sur le contenu sémantique de la musique n'est pas clos. Mais quelle que soit son issue, la question de la puissance qu'elle exerce ne sera pas tranchée pour autant. Car indépendamment des critiques adressées aux théories précédentes, la question la plus importante reste à résoudre, à savoir celle du passage de la reconnaissance d'un contenu, quel qu'il soit, à l'émotion esthétique ou au plaisir. C'est parce qu'il paraissait évident que, pour intéresser et plaire, la musique devait « parler » à l'auditeur, avoir pour lui « un sens », qu'on s'est interrogé sur différentes manières de lui donner ce sens. Le fait que ces tentatives aient en grande partie échoué tant qu'on s'en tient aux moyens propres de la musique incite compositeurs et exégètes à lui adjoindre des textes et des commentaires en tout genre, ce qui constitue sinon le lot commun, du moins une pratique quasi universelle (pour ce qui est des commentaires en tout cas). Or cette pratique ne peut que renforcer la conviction initiale, à savoir qu'en dernière analyse c'est bien sur ces significations – en tout cas sur *des* significations, fussent-elles abstraites, comme des structures à *comprendre* – que reposent la puissance de la musique et le plaisir de l'audition. Mais lorsqu'on prend au sérieux cette hypothèse et qu'on cherche à expliquer l'enracinement du plaisir dans la saisie du sens, on se trouve confronté à de nouveaux obstacles, non moins redoutables, qui en tout état de cause invitent à explorer d'autres voies.

DU SENS À LA PUISSANCE

La « vérité » de l'œuvre

L'hypothèse selon laquelle l'émotion esthétique dépend en dernière instance de la perception adéquate de l'objet n'a rien de déraisonnable. On admet sans difficulté que *comprendre*, de façon générale, saisir une ou la vérité, s'accompagne d'une forme de satisfaction. La vérité ici envisagée se rapporte aux significations qu'on attribue aux œuvres, au contenu extra-musical (par exemple lorsqu'on juge de la qualité d'une interprétation en affirmant que telle « idée » ou « image » a été bien rendue, ou que l'exécutant a su trouver l'expression convenable, qui sonne vrai, etc.)[1]. Le spectateur d'un tableau à qui on détaille la signification des divers éléments de la toile, quand il a affaire, par exemple, à des scènes bibliques ou mythologiques

---

1. Le terme peut par ailleurs désigner l'*authenticité*, ce qui est un autre problème : il s'agit alors de la fidélité par rapport aux sources, aux témoignages de l'époque, aux conventions d'écriture (c'est en ce sens qu'on parle aussi d'instruments *authentiques* s'ils ont été fabriqués au temps correspondant aux œuvres jouées, ou réalisés avec les matières et selon les procédés de ce temps) : la vérité de l'œuvre sera alors la fidélité par rapport à toutes les informations dont on dispose sur elle ; elle revêt par là même un caractère objectif et relève de l'argumentation rationnelle, mais n'est – éventuellement – invoquée que comme préalable au jugement sur la beauté (une interprétation *authentique* pourra bien être jugée faible, décevante, voire insupportable ; comparer ci-dessous p. 122, n. 2 ce qu'écrit A. Schweitzer sur l'interprétation de J.-S. Bach).

qui demeurent énigmatiques pour beaucoup de personnes, éprouve à coup sûr du contentement. La simple reconnaissance, surtout lorsqu'elle est précédée d'une phase d'incompréhension ou d'incertitude, procure une gratification, même si les objets représentés n'offrent en eux-mêmes qu'un intérêt médiocre. Mais il s'agit là d'un acte intellectuel, et le plaisir ressenti n'est pas différent de celui qui accompagne la solution d'un problème de géométrie ou d'un rébus : on glisse vers la résolution d'énigmes, où tout le plaisir vient de la découverte de la solution. On voit bien que le problème de fond que soulèvent ces observations est celui de la spécificité du domaine esthétique, en l'occurrence celui de la distinction du vrai et du beau [1]. Contentons-nous de constater que quasiment personne n'attribuera la valeur artistique d'un film ou d'un roman au simple résumé de l'intrigue, même si celle-ci y a sa part, ni ne prétendra que l'intérêt esthétique de l'*École d'Athènes* de Raphaël dépend de l'identification des philosophes qui y apparaissent. Pour tenter d'approcher ce qui fait la force de l'œuvre dans des exemples de ce genre, les commentateurs multiplient les plans de signification, nous invitant à découvrir les sens cachés, les intentions véritables, voire les fonctions extra-esthétiques (politiques, morales, métaphysiques) ; ou alors ils mettent en évidence la *manière*, les moyens mis en œuvre (la composition, le jeu des couleurs). La conviction sur laquelle reposent ces expédients est clairement que, si la reconnaissance du représenté fait partie de l'expérience esthétique, elle ne suffit pas et ne saurait la constituer à elle seule.

1. Problème qui, dans un autre contexte, mériterait d'être approfondi ; on ne peut ici que renvoyer à l'Introduction ci-dessus, p. 10.

Il en va de même en musique. Saisir ce que le compositeur a « peint » ou « évoqué » engendre sans aucun doute une satisfaction, mais il faut y regarder de près. L'auditeur confronté à un univers sonore opaque, énigmatique, ne manque pas d'éprouver un certain plaisir lorsqu'il peut y introduire des significations intelligibles, en parcourant le programme d'un poème symphonique par exemple. Cette forme de satisfaction se heurte néanmoins à la même objection : l'identification des objets représentés s'apparente de trop près à la solution d'un problème théorique pour épuiser la question de l'émotion esthétique. C'est pourquoi, comme pour la peinture, les exégètes avisés s'empressent d'ajouter que le prix véritable de l'œuvre, par delà la reconnaissance, tient à la manière (originale, puissante, subtile…) dont ces objets sont évoqués ; car savoir que la *Moldau* renvoie aux paysages traversés par la rivière, repérer précisément les étapes de son parcours [1], n'implique nullement qu'on s'en trouve ému. Sans parler du paradoxe bien connu du plaisir éprouvé à l'évocation d'objets ou d'affects déplaisants. On peut se demander par exemple, dans le cas des théories de l'*indicible* mentionnées plus haut [2], si le fait de découvrir une vérité ou un monde supérieurs procure immanquablement une satisfaction : ce qu'on découvre pourrait être décevant, troublant, voire douloureux [3]. Il faut au moins tenter d'expliquer ce paradoxe d'un plaisir engendré par la perception du malheur, surtout si ce dernier est universel, sans échappatoire [4].

1. Cf. *supra*, p. 28.
2. Cf. *supra*, p. 72.
3. Gabriel Fauré aurait déclaré à propos du 3ᵉ mouvement de son *Quintette* op. 115 qu'il est inspiré par « l'universel malheur, la douleur éternelle ».
4. Ce caractère universel distingue ce cas des précédents, notamment des musiques sur textes (une messe des morts, une déploration, plus

A quoi s'ajoute, pour les œuvres sans titre ni texte ni programme, le malaise lié à l'arbitraire des significations qu'on leur attribue. Mais la solution qui consiste à se concentrer sur la manière laisse clairement entendre que la simple saisie des objets peints ou évoqués ne suffit pas, sans pour autant répondre à la question. Ou bien on invoque de vagues généralités : le charme indéfinissable, la force expressive, la magie évocatrice, toutes choses qu'il faut « sentir », « qui ne s'expliquent pas », etc. Ou bien on met en avant les procédés de fabrication censés produire les contenus qui ont été identifiés : les figuralismes, l'usage des tonalités, les conventions d'écriture d'un style ou d'une époque, dont on loue l'emploi habile, subtil, neuf, pour expliquer le fameux charme qui s'ajoute à la simple identification. On peut proposer aussi une analyse purement formelle, qui obtiendrait le même résultat en conférant aux éléments de la forme une signification extra-musicale[1], voire en se limitant à mettre en évidence la qualité de l'ordre réalisé dans la composition sans la moindre échappée vers l'en-dehors. Or quelles que soient la justesse et l'utilité de ce genre d'exégèse, procédés d'écriture et formes sont et demeurent des caractères objectifs relevant de la connaissance, et par suite leur saisie est susceptible d'être vraie ou fausse : on corrigera légitimement celui qui se trompe dans l'analyse d'une fugue ou dans le scénario

circonstancielles) ; mais le problème se pose pour tous les cas où l'œuvre se voit attribuer un sens déterminé. Il n'est d'ailleurs pas limité à la musique, et plus d'un penseur s'est employé à le résoudre. Mais si une justification est nécessaire, c'est bien qu'il ne suffit pas de mentionner les réalités, quelles qu'elles soient, que l'auditeur perçoit au-delà des sons.

1. Un rondo, une fugue, une forme sonate peuvent être investis d'une charge narrative ou expressive, voir *supra*, p. 47. Pour la « forme sonate », voir p. 37, note 1.

d'un poème symphonique ; mais à celui qui aime sans comprendre ou en comprenant différemment, dire qu'il est dans l'erreur ne signifie rien. Pour échapper à cette alternative entre le vrai et le plaisant, les critiques recourent souvent à vocabulaire psychologique « mixte », susceptible à leurs yeux de réunir les deux aspects : on parle alors de tension et de détente, d'apaisement, d'attente, de surprise ; mais à la différence des caractères précédents, ces notions ne peuvent prétendre à une objectivité indiscutable, et surtout elles n'ont pas non plus, malgré les apparences, de lien nécessaire avec l'agrément de l'écoute (la surprise peut décevoir, la tension provoquer le malaise, etc.).

Mettre en cause la connaissance ne signifie nullement faire l'éloge de l'ignorance en récusant l'effort de saisie intellectuelle au profit d'une écoute passive ou, comme l'écrit un compositeur contemporain, d'une « immersion sonore irresponsable [1]. » Il s'agit seulement de relever une aporie, à savoir que recourir aux explications ayant pour fonction soit de faire correctement saisir le contenu extra-musical d'une œuvre, soit d'exhiber la nature précise des structures musicales, c'est demeurer sur le terrain de la perception objective d'un donné ; et *objectif* veut dire que le jugement est susceptible uniquement de vérité ou de fausseté. Personne ne contestera que les explications techniques apportées par le spécialiste n'enrichissent la connaissance de l'amateur, qui pourra ainsi juger correctement (selon la vérité) l'œuvre qu'on lui soumet ; mais aucun raisonnement ne peut établir de façon concluante que telle œuvre est belle *parce que* « vraie », en quelque sens qu'on l'entende, ou contraindre l'auditeur à passer

---

1. F.-B. Mâche, *Musique au singulier*, Paris, Odile Jacob, 2001, p. 152.

d'un jugement reconnu comme correct au plaisir esthétique. L'alternative du vrai et du faux n'a ici aucune pertinence.

L'accord avec le monde

A l'encontre de ce point de vue « objectiviste », d'autres se mettent plus franchement du côté de l'auditeur, et s'interrogent sur la manière dont la musique est reçue, ou « vécue ». Ils tentent alors d'expliquer l'action de la musique par un accord ou une harmonie entre les âmes et les choses. Un accord qui n'a pas pour préalable une saisie cognitive des objets du monde ou des sentiments, encore moins celle des structures des œuvres, mais résulte d'un état de fait naturel, de l'organisation du monde. Cette formulation vague ne définit pas d'école ou de théorie déterminées, elle permet seulement d'attirer l'attention, à travers quelques exemples, sur une manière originale de répondre à la question. Ainsi pour certaines théories antiques et médiévales, issues des spéculations pythagoriciennes et platoniciennes, les mouvements de l'âme (comme ceux des astres) étant soumis aux mêmes lois que celles qui régissent les sons, ils peuvent entrer en résonance avec eux, et par suite il est possible d'agir sur les âmes par la production de certaines combinaisons sonores ; cette efficacité est le plus souvent envisagée dans une perspective morale ou médicale (ramener par la musique la santé de l'âme ou celle du corps [1]), mais permet aussi par

---

1. Le passage cité ci-dessus du *Timée* de Platon en fournit un bon résumé : « L'harmonie, dont les mouvements sont de même espèce que les révolutions régulières de notre âme, n'apparaît point, à l'homme qui a un commerce intelligent avec les Muses, comme bonne simplement à lui procurer un agrément irraisonné, ainsi qu'il le semble aujourd'hui. Au contraire, les Muses nous l'ont donnée comme alliée de notre âme, lorsqu'elle entreprend de ramener à l'ordre et à l'unisson ses mouvements

l'intermédiaire des notions d'ordre et d'harmonie de comprendre le plaisir qui résulte de cette mise en résonance. Le caractère esthétique est au contraire patent dans la théorie que Nietzsche développe à partir de prémisses comparables (solidarité essentielle du monde et de l'âme humaine). Dans le traitement des effets de la musique, sa position a varié, mais elle conserve des traits communs qui intéressent le présent débat. Dans un premier temps [1], Nietzsche se réfère à la philosophie de Schopenhauer, dont il reprend (en le modifiant) le concept de volonté : forme la plus générale de la manifestation de « quelque chose », d'une force primordiale, d'un fond originel [2] dont le *ton* est identique chez tous les hommes et constitue un soubassement tonal universel pour toutes nos représentations. Cette dualité entre le fond originel et le monde des représentations régi par un principe d'individuation conduit l'auteur à refuser que la musique ait pour contenu des images, des sentiments, même quand elle est appliquée à des textes. Sa puissance se manifeste dans l'ivresse dionysiaque, bonheur de vivre non comme un individu mais comme participant à la substance vivante unique. Dans sa dernière période, Nietzsche lui substitue (du moins

---

périodiques, qui se sont déréglés en nous. Pareillement, le rythme, qui corrige en nous une tendance à un défaut de mesure et de grâce, visible en la plupart des hommes, nous a été donné par les mêmes Muses et en vue de la même fin. » (47d, trad. A. Rivaud). Pour la théorie de l'identité des proportions numériques en toutes choses, voir notamment Boèce, *De musica*, I, 1 et 2.

1. Essentiellement dans la *Naissance de la tragédie* ; voir aussi le *Fragment posthume* dans R. Muller et F. Fabre, *Philosophie de la musique*, p. 227 *sq.*, et F. Fabre, *Nietzsche musicien. La musique et son ombre*, Rennes, Presses Universitaires de Rennes, 2006.

2. « Noyau intime des choses », dans la *Naissance de la tragédie*, § 16.

en apparence) les effets de la musique sur le corps[1]. La valeur et le pouvoir de la musique se mesurent désormais à la manière dont le corps est affecté : la bonne favorise la santé et produit une surabondance de vie. Mais dans un cas comme dans l'autre, et quelles que soient les nuances de la pensée, on a clairement quitté le terrain du face à face entre un auditeur et un objet (qu'il s'agirait de saisir convenablement[2]) : le plaisir de la musique consiste à sentir en soi résonner le tout du monde, et ainsi éprouver l'accord de soi avec l'essence des choses.

Sans vouloir suggérer une quelconque filiation, on est tenté de faire le rapprochement avec le compositeur cité ci-dessus, et chez qui on trouve exprimé avec force une semblable mise à distance des théories de la représentation, au profit de l'attention accordée au rapport entre la réalité sonore en général et la conscience de l'auditeur. Il se trouve en effet que la question du pouvoir de la musique revient souvent dans les préoccupations du compositeur François-Bernard Mâche, qui est en même temps un théoricien, et qui a beaucoup écrit sur son art[3]. Ce pouvoir ne repose pas, selon lui, sur la perfection d'une écriture (qui court toujours le risque d'aboutir à un discours fermé sur lui-même), mais sur un accord avec la nature. Non qu'on en revienne à copier et à « représenter » le monde des objets et des hommes, comme dans la musique imitative ;

1. Position illustrée par la formule qui ouvre le § 368 du *Gai savoir* : « Mes objections à la musique de Wagner sont des objections physiologiques. » Et un peu plus loin : « Ce qu'il (mon pied) réclame de la musique ce sont d'abord les ravissements que procurent la bonne démarche, le pas, le saut, la danse. »

2. Le § 334 du *Gai savoir* oblige à nuancer cette affirmation. Avec Nietzsche tout spécialement, le lecteur doit faire preuve de prudence dans l'interprétation.

3. Voir *infra*, la bibliographie, p. 179.

il s'agit de puiser dans la nature des modèles d'organisation, des structures dynamiques, qui sont des archétypes universels appartenant aux profondeurs du psychisme humain : la répétition d'une même séquence (*ostinato*), l'accélération, la descente chromatique, etc. L'auditeur se trouve ainsi sollicité dans les profondeurs de sa conscience à se reconnaître dans les œuvres, infiniment diverses, élaborées sur la base de ces archétypes ; la musique devient alors « intercesseur d'un accord avec le monde », et productrice d'un *sens* qui rend « ce monde habitable [1] ». Ce résumé laisse évidemment dans l'ombre un certain nombre d'éléments importants de la théorie [2], mais il permet d'apercevoir ce qui fait son intérêt pour la réflexion qui nous occupe : l'absence d'intermédiaire entre la réalité sonore et l'auditeur. Pour éprouver du plaisir, ce dernier n'a pas à identifier des objets extra-musicaux (réalités naturelles, sentiments, idées religieuses ou philosophiques), ni à analyser au préalable le détail d'une structure formelle, puisqu'il entre en quelque sorte en résonance avec le monde grâce à l'exploitation par le compositeur des archétypes naturellement présents en nous.

On peut se demander si cette conception – qui laisse entendre, malgré qu'elle en ait, que l'écoute est essentiellement passive, dans la mesure où l'on *subit* le pouvoir des « images primordiales » que sont les archétypes – ne sacrifie pas plus ou moins délibérément la liberté de l'auditeur. Pourtant le compositeur se pose constamment

1. F.-B. Mâche, *Musique, mythe, nature ou les dauphins d'Arion*, Paris, Klincksieck, 1983, p. 200.
2. La notion de mythe, la hiérarchie des niveaux permettant de passer de l'archétype aux réalisations sonores effectives, le rôle des modèles animaux ; sur ces notions, voir surtout les différents articles de *Musique au singulier*.

en défenseur du travail de l'intelligence[1], et il s'élève vigoureusement contre l'écoute passive, qualifiée, on l'a dit, d'« immersion sonore irresponsable ». Peut-être que la conciliation de ces deux points de vue ne va pas tout à fait de soi. D'autre part, en admettant que l'exploitation (intelligente, inspirée) des archétypes explique le pouvoir de la musique, comment évaluer la nature de ce pouvoir ? L'inconscient d'où surgissent les « images primordiales » est par définition une zone obscure (que l'auteur qualifie de mythique), et rien n'assure que ce qui surgira des profondeurs à la conscience sera agréable, et ne réveillera pas plutôt une angoisse primordiale, ou une pulsion de mort. Renvoyer le charme de la musique à un accord avec le monde présuppose que le monde en question offre des motifs de satisfaction. Dès lors on est conduit soit à opérer une sélection parmi les archétypes en ne retenant que ceux qui sont susceptibles d'éveiller des émotions positives, soit à refuser aux archétypes tout pouvoir contraignant, c'est-à-dire à reconnaître à l'auditeur la possibilité de prendre ses distances et de garder une liberté d'appréciation.

Ces deux solutions, à vrai dire, n'en font peut-être qu'une. Il est en effet impossible de définir a priori ce qui serait pour tout auditeur une image primordiale positive, source de plaisir : tel schème dynamique (l'*ostinato*, pour reprendre le même exemple) éveillera aussi bien la résolution, la constance ou l'obstination que l'angoisse de l'inéluctable ou le sentiment de la monotonie. Ces différences, dira-t-on, ne relèvent pas de la liberté, surtout

---

1. Allant jusqu'à faire de la musique un « instrument de connaissance » en même temps que « intercesseur d'un accord avec le monde. » (*Musique, mythe, nature*, p. 200). Comparer F.-B. Mâche, *Un demi-siècle de musique ... et toujours contemporaine*, Paris, L'Harmattan, 2000, p. 94 et p. 195.

dans le cas d'une écoute distraite, elles se produisent de façon aléatoire. Mais ce simple constat suffit à ôter à la musique son pouvoir contraignant, et même son pouvoir tout court : si la passacaille m'ennuie bien que je l'écoute avec attention après avoir reçu les informations nécessaires, alors que mon voisin en est enchanté, il faut bien admettre que le résultat ne peut être attribué à la musique seule de manière nécessaire.

La maîtrise du temps

Ce « pouvoir » de l'auditeur paraît mieux pris en compte dans les théories qui mettent l'accent sur le déroulement temporel [1]. Cette thèse implique en effet immédiatement la conscience du sujet percevant. Il ne s'agit pas cette fois de relever simplement les constituants objectifs d'une structure, forme intemporelle qu'on peut analyser séparément et selon des directions temporelles différentes. Si cette étude est souhaitable et même indispensable aux yeux de beaucoup, elle ne constitue jamais qu'une étape préparatoire, et ne se confond pas avec l'écoute qui, elle, se déroule dans un temps unique et contient l'expérience esthétique proprement dite. Cette dernière requiert absolument la participation de l'auditeur, qui même lors d'une écoute apparemment inattentive doit au minimum rassembler dans sa conscience les données sonores successives : la plus élémentaire des mélodies n'existe pas si l'attention se focalise sur des notes isolées, et la même remarque s'applique à la succession des rythmes, des tonalités, des entrées instrumentales, etc. C'est précisément cette reprise d'une multiplicité dans l'unité d'une saisie

---

1 Cf. *supra*, p. 78.

qui permet de parler de maîtrise voire de liberté. Ce qui vaut pour une chansonnette vaut pour une œuvre plus ambitieuse, à cette différence près que dans ce dernier cas la maîtrise réclame une concentration supérieure. Et l'on conçoit aisément que lorsqu'elle a affaire à des morceaux de longue durée (une symphonie, un opéra), cette récapitulation unifiante puisse donner lieu à un sentiment fort de maîtrise du temps, sinon à un sentiment d'éternité.

Cette explication ne manque pas de force. En mettant l'activité de l'auditeur au cœur du problème, elle surmonte les apories auxquelles on se heurtait jusqu'ici sans pour autant invalider les résultats partiels précédents : rien n'interdit de se laisser séduire par de pures sonorités, ni d'associer à ce que l'on entend toutes sortes de représentations et sentiments, rien n'oblige à renoncer aux textes ou aux programmes [1], pourvu qu'on ajoute qu'il existe une source de plaisir distincte, originale, propre à la musique. Et loin de voir diminuer son importance, l'analyse formelle apparaît au contraire comme la condition d'une maîtrise supérieure : plus nombreux seront les éléments qu'elle révèlera, plus complexes les articulations et les enchaînements, plus forte sera la satisfaction de les saisir dans l'unité d'un acte échappant au temps. La pièce la plus courte ou la plus simple n'échappe pas à cette forme de maîtrise. Au cours d'un « Atelier-concert » diffusé sur France Musique en décembre 1995, le pianiste Christian Zacharias expliquait ainsi que les mélodies de Schubert ne sont pas si éloignées de la musique populaire, voire du kitsch, et que la différence tient à la quantité d'information (la voix qui n'est pas

---

1. Il est à peine besoin de rappeler qu'un adversaire aussi déterminé du sentiment et de l'expression que l'était Stravinski n'a renoncé ni aux textes ni aux programmes.

forcément au registre supérieur, parfois entre les lignes du
piano, lesquelles ne se réduisent pas à un soutien harmonique,
etc.); ce qui offre à l'auditeur matière à une écoute active.
Qu'on prenne pareillement les commentaires d'Alban Berg
sur la « Rêverie » de Schumann[1] : récusant les descriptions
sentimentales, l'auteur se livre à une analyse détaillée,
purement formelle, de cette pièce en apparence modeste
et sans prétention, et par là met en évidence une grande
variété de « faits » musicaux; la *récapitulation* par l'auditeur
de cette variété exige sans doute un effort, mais elle est en
même temps une source potentielle de plaisir. On objectera
peut-être que ce sont là des déclarations très théoriques, et
que cette expérience d'unification ne se réalise que dans
des conditions bien particulières et pour certains auditeurs,
ce qui lui confère un caractère exceptionnel, quasi mystique,
au demeurant très élitiste[2]. Reconnaître la difficulté,
cependant, n'oblige pas à renoncer à la théorie. L'analyse
philosophique, d'Aristote à Bergson en passant par les
Stoïciens, Plotin ou saint Augustin, a abondamment exploré
les paradoxes de la temporalité, en particulier celui du
présent insaisissable tant qu'on le pense comme instant

---

1. Une des pièces pour piano des *Scènes d'enfant*. Texte dans
« L'impuissance musicale de la *Nouvelle esthétique* de Hans Pfitzner »,
dans A. Berg, *Écrits*, traduits et commentés par H. Pousseur, Monaco,
Éditions du Rocher, 1957, p. 44-64, spéc. p. 52 *sq.*
2. Cette objection, en substance, est au cœur de l'ouvrage de
J. Levinson, *La musique sur le vif*, Presses universitaires de Rennes, 2013,
qui craint manifestement que l'idée (ou l'exigence) de la vue d'ensemble
exclue beaucoup de personnes des joies de la musique. En réaction,
l'auteur défend une conception *concaténationiste*, qu'il résume ainsi :
« La musique se présente pour la compréhension comme une chaîne de
petites parties s'impliquant mutuellement, se superposant, plutôt que
comme une totalité homogène ou un arrangement architectonique. »
(p. 43).

ponctuel [1]. Mais, on l'a dit, l'expérience la plus commune (une mélodie, mais aussi un récit, un raisonnement, une conversation) suffit à nous convaincre que la succession des événements ne s'oppose pas à la conscience d'une unité, celle d'un moment élargi. La difficulté réside plutôt dans la fixation d'une limite : à partir de combien d'éléments distincts devient-il impossible de les ramener à l'unité, à la perception d'un tout ? Question qui renvoie à la diversité des œuvres, des auditeurs, des circonstances, et qui ne saurait recevoir une réponse de principe mais invite à se pencher sur le problème de l'éducation musicale.

Une autre objection se dessine néanmoins. L'expérience du moment élargi, si l'on admet qu'elle peut se réaliser dans les cas favorables, n'est pas réservée à la musique. Tous les arts qui comme elle impliquent un parcours, et donc la durée, connaissent la même situation. Un roman ou un film perdent toute signification si le lecteur ou le spectateur s'arrêtent sans les relier entre eux sur des instants isolés ; dans les deux domaines les durées dépassent le plus souvent celle d'un morceau de musique, et l'on n'a pas besoin d'être un spécialiste aguerri pour apprécier l'œuvre comme un tout. Situation peu différente, d'ailleurs, pour les œuvres qui n'imposent pas de parcours déterminé : la contemplation d'une peinture ou d'une architecture inclut pareillement une succession de regards dont la synthèse « hors du temps » forme l'essentiel du jugement esthétique. On peut pousser le raisonnement plus loin, et affirmer sans trop de risque que le « sentiment d'éternité » appartient aussi bien à des expériences qui ne relèvent

---

1. On sait que saint Augustin utilise justement l'exemple de la musique pour éclairer le phénomène de la durée (*Confessions*, XI, 27, 34 ; texte et trad. fr. P. de Labriolle, 2 tomes, Paris, Les Belles Lettres, 1925-1926, II, p. 321 *sq.*).

plus de l'art au sens restreint, telles que la contemplation de certains spectacles naturels, le sentiment amoureux ou l'extase mystique. Cet élargissement n'enlève rien au plaisir musical, soit, mais il invite à accueillir avec réserve la revendication d'une absolue originalité de la musique[1].

Dernière remarque, la doctrine en question considère comme allant de soi que le sentiment d'éternité et de maîtrise du temps est source d'une émotion positive, mieux, d'un plaisir supérieur. La chose mériterait quelque justification, au-delà d'un rapide renvoi à saint Augustin ou à Plotin, même si l'on est tout disposé à suivre les auteurs sur ce terrain. On rappellera néanmoins que la perspective de l'éternité peut être effrayante, et la maîtrise du temps dérisoire comparée à l'inéluctable de la mort[2]. – Ces observations n'ont pas pour but d'écarter les considérations sur l'éternité et le temps[3], bien au contraire : ces considérations aplanissent plusieurs difficultés, et elles ont donné lieu à de nombreuses analyses fines et convaincantes[4]. Les limites qu'on vient d'indiquer invitent

1. « La musique est le seul domaine où l'homme réalise le présent » (I. Stravinski, *Chroniques de ma vie*, p. 63).
2. Pascal n'est pas le seul à parler de l'effroi provoqué par « le silence éternel » des espaces infinis (*Pensées*, Lafuma 201 = Brunschvicg 206 ; *cf.* Laf. 428 = Br. 195) ; V. Hugo, à la fin de « La pente de la rêverie » des *Feuilles d'automne* décrit son esprit « stupide, épouvanté » parce qu'il avait « trouvé l'éternité ». Un célèbre choral luthérien (*O Ewigkeit, du Donnerwort !*) évoque avec insistance la peur du croyant devant cette perspective : « O éternité, parole foudroyante… » ; des deux cantates de J.-S. Bach portant ce titre (BWV 20 et 60), la première s'attarde avec complaisance durant les 4 premiers numéros sur les aspects terrifiants de la pensée de l'éternité.
3. Pas plus que, précédemment, celui de renoncer aux *archétypes* de F.-B. Mâche.
4. Un bon exemple : l'analyse par C. Accaoui de la fugue n° 14 du *Clavier bien tempéré*, I, BWV 859 de J.-S. Bach (*Le temps musical*, p. 102 *sq.*).

plutôt à prolonger la réflexion à partir de ce qui apparaît justement comme un de leurs point forts : l'attention portée au rôle de l'auditeur.

L'ÉMOTION MAÎTRISÉE

Deux postulats

a) Envisager la question du charme de la musique à partir de l'auditeur – au lieu de s'intéresser seulement aux intentions du compositeur, ou à la nature objective des œuvres – entraîne plusieurs conséquences. La première chose à rappeler, de ce point de vue, est l'extrême diversité des situations d'écoute. Les analyses habituelles privilégient implicitement une sorte de cas idéal, dans lequel un amateur éclairé (pas nécessairement spécialiste, mais doté d'un minimum de culture musicale) écoute attentivement un morceau dans son intégralité, au concert ou au moyen d'un appareil de reproduction, sans être distrait par d'autres préoccupations ou par des événements extérieurs. Si l'on peut effectivement souhaiter que ces conditions soient réunies, on doit pourtant reconnaître que c'est loin d'être toujours le cas et que bien souvent l'une ou l'autre font défaut. L'objet même de l'écoute peut varier considéra-blement : dans les genres musicaux, bien entendu, très divers dans chaque grande catégorie ; mais aussi, et c'est plus troublant, dans le caractère plus ou moins complet de l'œuvre (passage isolé, mouvement entier, pièce intégrale, plusieurs morceaux successifs [1]). Interviennent ensuite les

---

1. Une grande marque de disque a publié en 2017 un ensemble de morceaux assez disparates, bien que tous empruntés à Mozart, parmi lesquels on trouve des *morceaux de morceaux*, par exemple un Allegro de symphonie *partiel* (*L'effet Mozart*, 3 disques DG Universal).

circonstances, qui font qu'on écoute avec plus ou moins d'attention selon qu'on est seul ou au milieu d'un public nombreux, disponible ou dérangé, favorisé ou défavorisé par la qualité de l'acoustique... Entrent encore en ligne de compte la fatigue, l'état d'esprit du moment qui peut considérablement varier entre la sérénité et la dépression. L'auditeur peut être familier de l'œuvre ou découvrir du nouveau, instruit dans le genre de ce qu'il entend ou totalement débutant. Certains font de la musique un usage franchement utilitaire, s'en servant pour se détendre, se consoler, danser, accompagner un repas. Un tel est brusquement saisi par un air pendant qu'il travaille à autre chose ; un autre, totalement étranger à la chose musicale, se sentira peut-être bouleversé par un disque qu'on lui aura prêté. – On ne se donnerait pas la peine de rappeler ces évidences si elles n'étaient pas trop souvent négligées, dans l'idée que le plaisir de la musique n'est légitime que dans le cas « idéal » évoqué plus haut, ou que la musique est un art trop noble, comme dit Aristote[1], pour qu'on prenne en considération toutes ces variables « impures » ; elles jouent pourtant un rôle dans l'expérience que font de la musique de très nombreux auditeurs, et on ne peut exclure que nous en tirions d'utiles enseignements.

La seconde conséquence qui découle de ce changement de point de vue est la liberté d'appréciation de celui à qui la musique s'adresse. Affirmation plus aventureuse, qu'il faut examiner avec soin. Quand il était question de la capacité à communiquer des contenus déterminés par des moyens purement musicaux, c'est à une conclusion négative qu'on a abouti, c'est-à-dire à l'essentielle indétermination du supposé « message » si l'on fait abstraction des textes,

---

1. Aristote, *Politique*, VIII, 5, 1340a1.

des commentaires, des conventions culturelles; on a vu aussi que même quand on a recours à ces auxiliaires l'amateur reste libre d'entendre ce qui lui plaît : s'il perçoit de la mélancolie dans un *Allegro giocoso*, rien ni personne ne peut le contraindre à changer d'opinion. De toute façon, il ne s'agit plus désormais des contenus ni de ce que le compositeur « a voulu dire », mais de l'attrait, du plaisir éprouvé. Or sur ce terrain, l'impuissance du musicien est tout aussi manifeste : il n'existe pas de recette infaillible pour plaire. On objectera qu'à défaut de procédés infaillibles, le métier fournit néanmoins au compositeur expérimenté toutes sortes de moyens susceptibles de gagner la faveur du public; ou que les grands noms de l'histoire de la musique sont précisément ceux qui ont su y faire, comme on dit, puisque leurs œuvres continuent à recueillir l'adhésion à travers les siècles. L'argument pèse, assurément[1], mais il a ses limites. Les variations du goût dans le temps comme l'extrême diversité des préférences individuelles mettent à mal cette prétendue efficacité. Bien des compositeurs longtemps ignorés ou méprisés ont fini par occuper les places d'honneur dans nos concerts[2], et nombreux sont les auteurs à succès tombés dans l'oubli. La diversité des goûts individuels, elle, est passée en proverbe, et on voit couramment des personnes rester insensibles à un chef-d'œuvre reconnu pour lui préférer un morceau de moindre notoriété. Il n'est pas rare non plus que l'auditeur soit touché par une séquence qu'un autre n'aura pas remarquée,

---

1. La question de la supériorité d'un compositeur ou d'une œuvre ne peut être éludée. On la reprendra plus loin.
2. Sans même parler des redécouvertes successives (du Moyen Âge, de la musique baroque), un auditeur d'aujourd'hui a peut-être du mal à imaginer quels sourires accueillaient le nom de Mahler encore vers le milieu du siècle précédent.

sur lequel, peut-être, l'auteur lui-même n'avait pas spécialement compté. Et l'on s'éloigne encore d'un degré de la maîtrise supposée du compositeur quand on prend en considération le rôle des interprètes, applaudis ou sifflés selon les humeurs du public, et sans que les œuvres soient en cause.

Tout cela est bien connu et ne mérite pas qu'on s'y attarde ; mais qu'en conclure ? Parler de la liberté d'appréciation de l'auditeur paraîtra moins excessif si l'on entend simplement par là que l'effet « dépend de lui » pour une *bonne part*. On ne dira donc pas que les œuvres ne comptent pour rien, qu'elles se valent toutes ou que le renom des compositeurs soit usurpé. Mais comme les analyses précédentes ont révélé une forte indétermination du « message » et une certaine impuissance de l'émetteur, il est naturel qu'on reprenne, en y regardant de plus près, ce qui se passe du côté du récepteur.

b) Second postulat : il existe une affinité entre les mouvements de la musique et les mouvements de l'âme [1]. La proposition peut surprendre après les nombreuses mises en garde précédentes sur de prétendues significations de la musique. Précisons donc. Les « mouvements de l'âme » sont ces réalités psychiques que les théoriciens de la musique ont toujours eu du mal à identifier clairement ou à définir ; certains empruntent aux Grecs le vocabulaire de l'*ethos*, d'autres préfèrent parler de sentiments, d'émotions, d'affects, de passions. Si l'on voulait être plus précis, il faudrait commencer par une doctrine complète du psychisme (de l'esprit, de la conscience, de l'âme ?) ; outre que cela implique de longs détours sans rapport avec le sujet, il

---

1. Comparer F. Wolff, *Pourquoi la musique ?*, p. 249 (refus symétrique du formalisme et de l'ineffable).

importe peu qu'on s'accorde sur une théorie déterminée
du psychisme, tout le monde comprend qu'on fait référence
à ce qui se produit en nous lorsque la musique (ou un autre
art) touche, ne laisse pas indifférent, par opposition aux
objets que l'on saisit de façon neutre et objective. On peut
en dire à peu près autant des « mouvements de la musique » :
une analyse plus fine est ici superflue, puisque par là on
désigne simplement le déroulement de la musique dans le
temps, envisagé dans sa globalité, sans distinguer pour le
moment entre les paramètres sonores ni entre les modes
d'écoute.

Quant au terme d'affinité, il est choisi à dessein pour
éviter la confusion avec les interprétations « représentatives »
selon lesquelles la musique non seulement aurait la capacité
de signifier des objets extra-musicaux, réalités naturelles,
mentales, psychologiques, mais trouverait en eux son vrai
sens ainsi que le fondement de son pouvoir ; les sentiments
du compositeur, les idées (philosophiques, politiques,
religieuses) qu'il aurait voulu exprimer rentrent évidemment
dans la même catégorie. Parler d'affinité, c'est reconnaître
que les sons, plus ou moins organisés, sont *susceptibles*
d'évoquer pour l'auditeur des objets divers, mais surtout
qu'ils ont le pouvoir d'éveiller en lui des mouvements
variés de l'âme. Dans des formulations différentes mais
finalement convergentes, c'est ce sur quoi ont attiré
l'attention aussi bien Aristote que Rousseau ou Kant : un
son, un cri, une succession de sons éveillent quelque chose
chez l'auditeur ; les tons de la voix (parlée) peuvent à eux
seuls produire des états psychiques différenciés [1]. Mais le

1. Aristote, *Politique*, VIII, 5, 1340a39 ; J.-J. Rousseau, *Essai*, XII
et *Dictionnaire*, art. « Mélodie » ; E. Kant, *Critique de la faculté de juger*,
§ 53.

trait essentiel de cette affinité, c'est – une fois de plus – son indétermination. Des deux effets dont il vient d'être question (évoquer des objets, éveiller des émotions), le premier nous renvoie à la critique précédente des théories de l'imitation : rien absolument ne garantit l'objectivité de cette évocation. Même dans les cas extrêmes, on l'a dit, quand on lui impose des objets précis par un texte, un programme etc., l'auditeur reste libre d'entendre ce qui lui plaît : à partir du moment où elle est publique et exécutée, l'œuvre échappe à son auteur et s'expose à toutes les interprétations, fussent-elles très éloignées des intentions initiales de l'auteur, voire du texte sur lequel l'œuvre a été construite. De toute manière, la reconnaissance éventuelle d'objets ne constitue, le cas échéant, qu'une étape, l'essentiel du plaisir concernant le second effet. Or l'indétermination l'emporte ici encore une fois.

Beaucoup de théoriciens et la majorité des compositeurs, y compris les plus grands, se sont efforcés d'associer un *ethos* (un climat, un affect) particulier à certains éléments du discours musical, ligne mélodique, rythme, mode etc., ou à leur combinaison, admettant implicitement que cet *ethos* se transmet aux auditeurs. La musicologie et la critique musicale, dans les ouvrages spécialisés comme dans les notices de concert ou de disque, abondent en notations de ce genre (l'immense réservoir des Cantates de J.-S. Bach offre de ce point de vue des ressources inépuisables). Il ne s'agit plus ici du figuralisme qui vise à rendre des mots du texte et qui relève du problème précédent, l'aptitude à désigner des objets extra-musicaux. Ce qu'on examine désormais, c'est la capacité à produire chez l'auditeur des émotions déterminées. La différence, à vrai dire, n'est pas toujours bien marquée. Ainsi, à propos des Madrigaux de Monteverdi, on nous explique que le compositeur s'applique à *rendre* les différentes passions selon un système précis, où les trois catégories de la colère, de la tempérance et de l'humilité sont rendues par trois types d'expressions musicales[1]. Ce vocabulaire nous ramène à la doctrine de l'imitation ; mais la phrase de Monteverdi citée ensuite parle d'« émouvoir fortement notre âme », comme si les deux choses (exprimer une passion, susciter une passion) étaient indissolublement liées.

On voit bien la confusion qui règne dans ces analyses : s'il ne s'agit que d'identifier l'*ethos* propre à une œuvre ou à un passage, on ne quitte pas la théorie de l'imitation, et on n'échappe pas aux problèmes soulevés précédemment ; si c'est à l'émotion des auditeurs qu'on s'intéresse, on se heurte à une double difficulté. La première concerne l'efficacité des procédés employés : ce qui permet d'en douter, c'est aussi bien certains désaccords entre théoriciens[2] que l'abondance des contre-exemples, lorsqu'une même formule destinée à produire tel effet se retrouve pour susciter un effet très différent, voire opposé[3] ; à quoi s'ajoute l'expérience courante de l'écoute qui contredit allègrement, dans de nombreux cas et *pour un même auditeur*, l'association prétendue entre l'élément musical et l'affect attendu. La seconde difficulté vient de ce que le succès du procédé irait à l'encontre du but poursuivi : la passion *représentée* (d'un personnage, ou contenue dans un texte) peut assurément émouvoir l'auditeur, mais à condition de ne

1. R. Alessandrini, *Monteverdi*, Arles, Actes Sud, 2004, p. 52.
2. Voir les différences entre la théorie des modes selon Charpentier et selon Rameau, ci-dessus p. 33.
3. Ce sont encore les Cantates de Bach, ordinairement utilisées pour illustrer la thèse contraire, qui fournissent les cas les plus frappants (voir Annexe, p. 151).

pas se transmettre à lui *telle quelle*. Les larmes qu'on verse au spectacle du malheur de l'amante délaissée ne se confondent pas avec celles de l'héroïne [1].

Qu'on nous entende bien : personne ne songe à mettre en cause le génie de Bach ou de Monteverdi, ni à accuser d'ignorance musicologues et commentateurs. Il est plus que vraisemblable que les compositeurs avaient réellement les intentions qu'on leur prête, et il serait ridicule de contester la qualité des œuvres qui en ont résulté. Les analystes de leur côté rendent d'inestimables services à l'amateur, ne serait-ce qu'en attirant son attention, pour son plus grand plaisir, sur des aspects de la partition qui passeraient inaperçus. On a seulement cherché à montrer, par cette rapide évocation de la transmission des affects, qu'il est nécessaire d'étendre jusqu'à elle l'indétermination dont il a déjà été question plusieurs fois : si l'on fait abstraction des conventions culturelles et des habitudes d'écoute, il est impossible de dresser une liste incontestée de ces prétendues associations entre des procédés musicaux et les émotions de l'auditeur. Et il ressort de plus en plus que les dispositions de ce dernier jouent le rôle déterminant : le célèbre *Air* de Bach (3 [e] *Ouverture* pour orchestre) sera perçue comme sereine ou comme mélancolique selon les

---

1. On ne peut exclure, bien entendu, l'hypothèse d'une complète identification à un personnage, ou d'une intense intériorisation d'un texte. Certains évoquent le cas du sentiment religieux, qui se communiquerait à l'identique de la composition à l'auditeur (la piété de Palestrina produisant une œuvre *exprimant* cette piété, laquelle à son tour *déclencherait* la piété de l'auditeur). La question est de savoir ce qu'il advient dans ce cas de l'émotion esthétique : si elle se confond avec le sentiment exprimé, religieux ou autre, sa spécificité disparaît, et son étude relève de celle des sentiments et des émotions en général. Sans parler de la difficulté que représente dans cette hypothèse l'intériorisation des émotions négatives (la peur, le désespoir).

moments – n'importe quel auditeur expérimente cette variabilité en mille occasions, et cela n'empêche pas que, dans les deux hypothèses, il n'éprouve un vif plaisir en l'écoutant.

C'est pour tenir compte de ces divers aspects de l'indétermination qu'on a introduit la notion d'affinité (on pourrait dire aussi parenté), pour signifier qu'il y a un lien entre les mouvements de la musique et les mouvements de l'âme, mais sans causalité stricte : ni action univoque (à une même cause peuvent s'associer des effets différents), ni effet « mécanique » (la cause ne produit pas à coup sûr l'effet).

L'appropriation et la maîtrise

Si ces hypothèses ont quelque fondement, il convient d'en tirer les conséquences et de proposer une autre explication de la puissance de la musique. On rappelle au préalable que ce qui est examiné ici concerne ce qu'on a désigné dès l'Introduction comme le jugement esthétique de façon restrictive, en écartant donc les autres motifs éventuels de satisfaction qu'offrent les arts. Il est hors de doute que l'expérience ordinaire, en musique comme dans les autres arts, peut contenir toutes sortes de bonnes raisons d'aimer une œuvre : parce qu'elle est associée à des souvenirs heureux, à un bonheur actuel, à des personnes aimées, parce qu'elle prépare ou annonce un événement dont il y a lieu de se réjouir, parce qu'elle est restituée par des interprètes prestigieux, parce qu'elle évoque des représentations émouvantes, parce qu'elle répond à des aspirations religieuses ou métaphysique. On a seulement soutenu dans l'Introduction que ces raisons, bonnes ou mauvaises, n'épuisent pas la question. Cela dit, on pourrait résumer cette explication comme suit.

1. A partir du moment où l'auditeur s'intéresse à une œuvre musicale et en retire quelque satisfaction, il est actif, même lorsqu'il ne lui prête qu'une attention flottante, à plus forte raison quand il s'y applique tout entier. Cette activité signifie qu'il entre dans le jeu. En vertu du phénomène de l'*affinité* définie ci-dessus, entrer dans le jeu, c'est suivre le mouvement de la musique en découvrant en même temps son retentissement en soi. L'affectivité est ainsi mise en branle par les événements sonores sous forme de sentiments ou d'émotions [1].

2. Cette affinité étant relativement indéterminée, on l'a vu, ce qui est reconnu en soi-même comme correspondant aux mouvements de la musique ne forme pas nécessairement une émotion précise et toujours identique à elle-même. On observe en effet une certaine difficulté à nommer précisément ce qui est ressenti : les expressions dont on se sert se tiennent systématiquement dans un registre à la fois vague (on est ému, bouleversé, séduit, heureux) *et* ambivalent [2]. Un pareil manque de rigueur dans la désignation n'enlève rien à l'émotion [3], son expression verbale étant de toute

---

1. On a dit plus haut qu'on devait se contenter, pour les « mouvements de l'âme », d'un vocabulaire quelque peu flottant.

2. Quand on se dit impressionné par le caractère « sombre » (les couplets du 2 e des trois *Klavierstücke* D. 946 de Schubert, selon le *Guide de la musique de piano*, Paris, Fayard, p. 680), veut-on dire qu'on éprouve de l'inquiétude ou qu'on baigne dans la sérénité de la paix nocturne ? Le moyen ordinaire de contourner cette difficulté est de recourir à des analogies : description de paysages, évocation d'impressions visuelles ou gustatives, assimilation à un récit, etc.

3. Mais il affecte gravement les expériences qui revendiquent un statut scientifique (par exemple dans E. Bigand, *Les bienfaits de la musique…*, p. 61 *sq.*). Quand les catégories proposées aux sujets interrogés se ramènent à 3 ou 4, les résultats sont prévisibles : on ne peut pas s'attendre à des réponses nuancées, fidèles à la diversité des émotions ressenties, quand on demande si un morceau est gai ou triste.

manière facultative. A quoi s'ajoutent le caractère variable des affects en fonction des circonstances de l'écoute, ainsi que la diversité des émotions ressenties au cours d'une même pièce (il est bien simpliste de vouloir caractériser un mouvement entier, voire tout un concerto, par *une* émotion : gaieté, tristesse, colère, etc. ; même un groupe restreint de mesures peut offrir une pluralité d'impressions). Cette imprécision ressort davantage en l'absence de texte ou de commentaire, sans aucun doute, et l'on accordera que la chose est moins évidente quand des paroles – dans un ouvrage dramatique ou une mélodie – expriment la tendresse, le désespoir, la joie. Par facilité de langage, on dit volontiers alors qu'on *ressent parfaitement* ces sentiments, « tellement le musicien a bien su les rendre ! » Sans revenir sur ce qu'il y a d'illusoire dans cette affirmation, on remarquera seulement que le phénomène n'a rien de nécessaire : tout en admirant le *Lied* de Schumann, on ne partage pas forcément le patriotisme des *Deux grenadiers*, et la passion de Violetta peut nous émouvoir sans que nous soyons amoureux d'Alfredo [1]. Il faut reconnaître que ce phénomène a quelque chose d'étrange : parler d'une affinité avec des affects aux contours incertains et changeants est peu satisfaisant, dans la mesure où le lien de causalité échappe à l'analyse. On peut néanmoins le rapprocher des « images primordiales » surgies de l'inconscient à l'appel de la musique [2] ; un autre éclairage peut être apporté par ce que Hegel analyse sous le nom (problématique) de « sentiment » ; c'est-à-dire l'intériorité abstraite, forme de la subjectivité en tant qu'ayant le pouvoir de prendre la

1. Dans la *Traviata* de Verdi.
2. Selon F.-B. Mâche, voir ci-dessus p. 90.

forme de sentiments particuliers mais antérieure à eux et distincte d'eux [1].

3. Mais pourquoi les mouvements psychiques produits par les mouvements de la musique sont-ils agréables, capables parfois de déclencher ces puissants effets qui bouleversent tant les amateurs ? Parce qu'ils sont réglés. A la différence de ce qui se passe dans la rêverie ou lors des chocs émotionnels ordinaires, les affects engendrés par la musique dépendent d'un phénomène extérieur qui n'est pas quelconque mais contrôlé et structuré. Dans la très grande majorité des œuvres, musiques savantes ou populaires, y compris les pièces improvisées et aléatoires, il existe un ordre [2], lequel *s'impose* à l'auditeur. Il est temps en effet de corriger ce que les affirmations antérieures pouvaient avoir d'excessif : la réception des phénomènes sonores dépend largement de l'auditeur, soit, mais jusqu'à un certain point. Les représentations qu'il leur associe, la couleur émotionnelle particulière qu'il leur attribue (joie, tristesse, inquiétude…) ne surviennent pas sur le mode de la nécessité, tout au plus lui sont-elles suggérées ; cependant l'œuvre impose sa forme mélodique, les variations d'intensité, son organisation temporelle. Si par conséquent les mouvements psychiques se trouvent en relation de dépendance (en vertu de l'*affinité* décrite plus haut) par rapport à la réalité sonore, ils épousent son ordre, ils ne surgissent pas n'importe comment ou mus par leur

1. G. W. F. Hegel, *Cours d'esthétique*, III, p. 136. *Empfindung* ici, mais le vocabulaire de Hegel reste pour nous incertain (comme on sait, ces *Leçons* ne nous ont été transmises que par des notes d'élèves).

2. Aléatoire signifie imprévisible, pas nécessairement désordonné. *Ordre* est entendu ici en un sens très général, qui n'implique pas la connaissance précise des structures en jeu ; il suffit que l'auditeur puisse « s'y retrouver », n'ait pas une impression de « n'importe quoi. »

dynamisme propre comme dans l'exclamation, les cris, les soupirs, les larmes de la « vraie vie »[1]. Mais l'originalité (certains diront le paradoxe) de l'expérience tient au fait que cette dépendance n'est en rien passivité ; car pour « épouser l'ordre » de la musique, il faut le reconstruire, accompagner activement le déroulement des événements sonores pour en percevoir l'unité, comme pour tout phénomène qui dure : « Écouter et comprendre une œuvre ce n'est nullement la subir et se traîner après elle, c'est la reconstituer[2]. » Peut-être n'est-il pas exagéré de dire que cette opération *crée* une sorte de sentiments d'une espèce particulière[3] : disciplinés, contenus mais non atténués, au contraire.

Comment expliquer autrement que le surgissement d'idées ou de sentiments négatifs puisse être plaisant ? Les commentaires des spécialistes comme les réactions de l'amateur font très souvent état d'une gamme d'impressions rien moins que plaisantes : tristesse, mélancolie, sentiment d'abandon ou de désolation, désespoir, malheur intime ou cosmique, certains y ajoutant la peur et la colère. Il n'est pas rare d'entendre que seuls ces états donnent à la musique

---

1. « Sous leur forme brute, les sons sont signes des événements imprévisibles et constituent, pour un être vivant, la preuve sensible qu'il vit dans un monde étranger, instable ou menaçant. De là le besoin humain de *faire* ce que l'animal en lui se contente de *subir*, d'introduire la régularité du corps dans le temps chaotique du monde. [...] L'esprit produit volontairement des événements selon la règle qu'il se donne. De là aussi, le plaisir d'écouter, c'est-à-dire de contempler l'écho d'un tel monde au lieu de subir les effets pratiques du "vrai monde". » (F. Wolff, *Pourquoi la musique ?* p. 397-398).

2. B. de Schlœzer, *Introduction à J.-S. Bach*, Paris, Idées-Gallimard, 1947, p. 52.

3. *Cf.* Alain, *Système des beaux-arts*, Paris, Idées-Gallimard, 1963, p. 136.

sa *profondeur*, qu'eux seuls sont à même d'engendrer une « grande » musique, la joie ou le bonheur ayant toujours quelque chose de superficiel, voire d'obscène. Le désespoir brutal qui saisit un individu dans sa vie réelle, la douleur du père qui doit sacrifier sa fille [1] n'ont certainement rien d'agréable en eux-mêmes ; et si un proche exprime ce genre de sentiments devant témoins, on n'imagine pas que ces derniers s'en réjouissent comme ils le font à l'opéra ou à l'écoute d'un *Andante* de Schubert. Le désespoir de la vie réelle a quelque chose de violent, d'incontrôlable, d'effrayant parfois pour l'entourage ; celui qu'on imagine (à tort ou à raison) à l'écoute de la Sonate de Schubert est réglé, en mesure, c'est-à-dire contrôlé par l'interprète (qui – normalement – ne se livre pas à des gestes extravagants, ne pousse pas de cris), et prévisible pour l'auditeur lors des réécoutes.

4. Ce schéma sommaire demanderait à être spécifié en fonction de la qualité et de la complexité des œuvres. Tâche interminable, qu'on ne peut indiquer ici que de façon programmatique. En laissant provisoirement de côté la qualité, on voit du moins que le grand nombre de paramètres susceptibles de produire les fameux « mouvements de l'âme » entraîne une grande variété d'expériences esthétiques. On n'éprouve pas la même chose quand on

1. « Est-il un père qui ait chanté dans cette situation ? » (Chabanon, cité ci-dessus p. 51 note 4). Du même : « Un homme est enfermé seul chez lui : vous le croyez au désespoir de la perte d'une femme ou d'un ami. Tout à coup vous l'entendez chanter ; de ce moment, n'êtes-vous pas rassuré sur la violence de son affliction ? Oui, vous l'êtes ; car vous sentez que le chant ne s'allie pas avec une douleur profonde. Je maintiens qu'il n'est pas un homme frappé d'une grande calamité, et très sensible à son infortune, qui ne soit révolté de la proposition qu'on lui fera de chanter, comme d'un démenti que l'on donne à sa douleur. » (I, 15, p. 143).

se contente de suivre une ligne mélodique, considérée à tort ou à raison comme principale, et quand on porte son attention sur le jeu de mélodies multiples, sur les tonalités, sur l'instrumentation. La durée plus ou moins longue, le tempo, les répétitions, les attentes comblées ou déçues engendrent des émotions spécifiques, qui s'ajoutent aux précédentes ou se combinent avec elles. La musique est un des rares arts où une pluralité de facteurs agissent simultanément et peuvent donner lieu aussi bien à des renforcements qu'à des contradictions dans les mouvements de l'âme [1]. Cette richesse explique à coup sûr une bonne part de ce fameux « pouvoir » qu'on lui reconnaît.

Le plaisir esthétique ainsi caractérisé (selon le point de vue « restrictif » annoncé) ne se limite pas à un face à face entre un individu et des objets sonores. De nombreux théoriciens s'élèvent contre une pareille limitation, n'hésitant pas à juger vulgaire le terme même de plaisir. La musique serait d'une essence plus noble, elle a pour fin de satisfaire les besoins spirituels les plus élevés de notre nature, d'intensifier la vie intérieure, d'offrir à l'intelligence un aliment plus substantiel que les satisfactions ordinaires, de renforcer les liens entre les hommes [2]. Quel

1. On a évoqué déjà ce phénomène de la pluralité simultanée, dans certains motets médiévaux ou dans une scène d'opéra. Il est en réalité très fréquent, ordinaire même dès que la musique ne se réduit pas à une ligne unique. On peut parler de *contradiction* lorsque, même dans une œuvre instrumentale, les différentes parties suscitent des émotions de nature opposée (un exemple : le choral pour orgue *Vater unser* [*Notre Père*], BWV 682 de J.-S. Bach, où la basse en mouvement égal invite à la confiance sereine, alors que dans les voix supérieures apparaît un rythme irrégulier suscitant plutôt le trouble ou l'inquiétude. Mais les cas de ce genre abondent).

2. Voir ci-dessus p. 69 l'aspiration à l'infini, à l'autre patrie, etc. « Le son n'est fait que pour unir les cœurs, [...] afin de frayer la voie au pèlerinage intérieur. » (E. Bloch, *L'esprit de l'utopie*, p. 180).

que soit l'intérêt de ces propositions, la critique explicite ou implicite adressée aux thèses « esthétisantes » n'est que très partiellement fondée. En effet, la maîtrise des émotions dont il vient d'être question n'enferme pas l'auditeur dans sa subjectivité. L'indétermination même, qui est au cœur du phénomène, autorise toutes les associations, et l'intensité dont sont susceptibles les émotions [1] est bien capable d'entraîner l'auditeur hors du cercle de son univers quotidien. Ladite maîtrise s'accompagne au contraire, et dans les cas les plus ordinaires (cela dit pour ne pas rester fixé sur ce qu'on appelé plus haut l'écoute *idéale*), de bien d'autres émotions ou sentiments qui débordent de la sphère individuelle, parmi lesquels l'admiration et la perception d'une forme de communion : admiration pour le compositeur, pour les interprètes (qui dans les deux cas peut aller jusqu'à l'idolâtrie) ; communion avec le public lors d'un concert, avec le public virtuel des amateurs inconnus qu'on se plaît à leur associer. Cet élargissement est assez commun, et c'est à lui qu'on doit la conviction si répandue de la valeur universelle des œuvres belles ; universalité jamais vérifiée empiriquement, mais postulée au nom de l'unité de la nature humaine [2]. Ce sont là d'autres interrogations (de nature plus philosophique ou psychologique) qui s'écartent manifestement de l'esthétique ainsi que du domaine musical,

---

1. *Susceptibles*, parce que les expériences esthétiques sont très diverses : toute musique n'est pas sublime.

2. L'universalité et la nécessité du jugement de goût font l'objet des 2 e et 4 e moments de l'Analytique du beau de la *Critique de la faculté de juger* de Kant (§ 6-9 et 18-22). Mais on n'a pas besoin d'être kantien pour ressentir cette exigence d'universalité dans la contemplation du beau, universalité qui n'est pourtant ni démontrable ni moralement obligatoire. De son côté, plus difficile et moins facilement acceptée, la thèse du beau comme *symbole* du bien moral (§ 59) invite du moins à s'interroger plus avant sur la fécondité du plaisir esthétique.

mais qui en dernier ressort se fondent sur l'expérience
élémentaire de la puissance du beau, en l'occurrence de
la belle musique. Il serait abusif d'affirmer que le moindre
morceau, la plus banale expérience d'écoute entraînent
tous les auditeurs à de profondes réflexions philosophiques ;
mais ce serait méconnaître la puissance de la musique de
croire que le plaisir esthétique ferme les individus sur
eux-mêmes.

LA PUISSANCE AUGMENTÉE [1]

L'analyse qu'on vient de proposer reste insuffisante à
bien des égards, et elle gagnerait à être étayée par des
exemples musicaux précis. Mais en vertu de sa logique
même – puisque les émotions produites n'ont pas de
caractère objectif et dépendent de l'auditeur – elle court
sans cesse le risque de se perdre dans des justifications
subjectives peu convaincantes. On peut montrer néanmoins
qu'elle permet d'une part de ne pas renoncer à l'apport
des autres explications rencontrées au fur et à mesure, et
d'autre part de répondre à certaines questions laissées en
suspens.

Les bénéfices de l'imitation

Revenons pour commencer aux doctrines de l'imitation
(au sens large) qui ont tant pesé dans la discussion. Celui
qui affirme que le plaisir de la musique repose sur la
reconnaissance de ce qui est représenté ou signifié, à la
manière de ce qui se passe pour l'amateur de peinture
identifiant le sujet d'un tableau, a sans doute raison s'il

1. D'après une expression de Schopenhauer, citée notamment par
Nietzsche (voir R. Muller et F. Fabre, *Philosophie de la musique*, p. 230).

entend par là que le plaisir en question s'accompagne d'images ou d'idées, qu'on pourrait au besoin décrire ou formuler clairement. Puisque le « récepteur » est libre, qu'il dépend de lui de laisser courir son imagination où bon lui semble, pourquoi contester ces associations-là ? On rappellera seulement : 1. que ces associations ne s'imposent pas à tout auditeur ; et 2. que la simple identification ou reconnaissance ne suffit pas à rendre compte de la satisfaction. Inutile de revenir sur ces points abordés déjà à plusieurs reprises. Le premier est en général moins bien accepté ; il est pourtant facile à vérifier par n'importe qui pour les œuvres sans textes ni commentaires d'aucune sorte. Mais on a noté aussi, on s'en souvient, que même dans le cas contraire il n'est pas rare que l'amateur le plus attentif en vienne à détourner les indications du texte, à les interpréter à sa façon, voire à se représenter tout autre chose [1]. Or ni la distance prise par rapport au « sens » obvie d'une œuvre, ni les interprétations arbitraires des morceaux sans références externes ne font obstacle au processus de l'émotion disciplinée décrit ci-dessus. La seule chose qui importe : que l'œuvre « parle » à l'auditeur, c'est-à-dire suscite ladite émotion, quelles que soient les représentations qui l'accompagnent.

Cela dit, si l'on revient un instant au plaisir de la reconnaissance, on admettra sans difficulté que ce dernier

1. Combien de spectateurs suivent fidèlement le livret d'un opéra, en admettant qu'ils en comprennent la langue et que les chanteurs se donnent la peine d'articuler leur texte ? Le « Requiem » de la *Messe des défunts* parle de repos et de lumière : n'arrive-t-il pas que les assistants en goûtent la musique tout en y entendant plutôt l'angoisse et les ténèbres de la mort ? – On pourrait s'interroger aussi sur les effets imprévus d'une traduction erronée ou approximative (ainsi le fameux « Jésus que ma joie demeure », choral final de la *Cantate 147* de J.-S. Bach, qui devrait être « Jésus demeure [indicatif] ma joie »).

puisse accroître le bonheur de l'écoute, tout comme peut le faire la nature des représentations prétendument identifiées dans le flux sonore. Par exemple, dans le *Lied* ou dans l'opéra, la sympathie éprouvée pour les personnages (du *Voyage d'hiver* de Schubert, de *L'amour et la vie d'une femme* de Schumann), la participation aux péripéties du drame constituent autant de motifs d'entrer dans le jeu, et par suite de ressentir plus vivement les émotions spécifiquement musicales. Les sentiments religieux, de même, n'ont pas besoin d'être bannis par le croyant entendant une Messe ou une Passion. Dans le bouquet d'émotions qui en résulte, l'auditeur se dispense sans doute d'opérer la distinction, et il peut bien attribuer sa satisfaction à l'un ou l'autre facteur, selon les moments, ou en vertu d'autres dispositions subjectives. Quand le théoricien pointilleux refuse la confusion et se préoccupe de préserver à tout prix l'originalité de principe du point de vue esthétique (comme nous l'avons fait jusqu'ici), il est dans son rôle ; il ne l'est plus s'il ignore le phénomène, et moins encore s'il le condamne [1].

Que dire alors des cas où l'on est vivement ému par la rencontre spécialement réussie entre une représentation et la matière sonore ? Car personne ne nie que ces cas se présentent, et en nombre, soit qu'un texte apparaisse comme merveilleusement bien rendu par la musique, soit que des commentaires ajoutés, d'où qu'ils viennent, frappent

---

1. Comme ont tendance à le faire Hanslick ou Stravinsky. – Les représentations associées jouent aussi en sens inverse : il y a dans l'opéra des personnages odieux, des situations désespérées, des fins tragiques ; dans le *Lied* ou l'oratorio, des convictions qui heurtent celles de l'auditeur ; la musique « pure » elle-même peut susciter des représentations qui n'ont rien de plaisant (la souffrance « exprimée » par tel Prélude de Chopin ou tel Quatuor de Janacek). Raison de plus pour maintenir la distinction.

l'auditeur par leur pertinence [1]. Il en résulte que la *justesse de l'expression* (« un miracle d'expression », dit-on) devient un critère (voire le critère) de la qualité musicale. Ces formules correspondent sans aucun doute à un sentiment réel, et il faut y regarder de plus près. Arrêtons-nous de préférence sur les œuvres associées à des textes ; pour les autres, la diversité des explications-interprétations montre assez que la thèse de l'arbitraire n'est pas remise en cause, et que la notion de justesse d'expression a encore moins de pertinence puisqu'elle dépend de chaque expérience d'écoute [2].

Soit donc un exemple dans lequel on s'accorde à louer la réussite expressive, qu'il s'agisse d'un air, d'une séquence d'accords, ou de plusieurs facteurs pris ensemble ; il suffit qu'on tienne un élément identifiable pour pouvoir en évaluer la puissance expressive.

Ce qui est certain, c'est que la musique seule, on l'a assez montré, ne permet pas de se représenter ce que le texte formule (hormis quelques rares cas de bruits imitatifs) ;

1. Des auditeurs racontent avoir été frappés par la justesse de l'image développée par un commentateur à propos du Prélude pour orgue en si mineur de Bach (BWV 544) : « On croit parcourir un paysage au relief violent, aux pics hardis, aux canyons torturés. Sur quelle planète le géant Bach pousse-t-il sa charrue ? » (O. Alain, livret de *l'Œuvre pour orgue* de J.-S. Bach, disques Erato, 1967, p. 62). Qu'un commentateur ait « convaincu » d'autres personnes de la justesse de ce rapprochement n'est pas tout à fait anodin, mais personne ne croit que le compositeur ait vraiment eu cette image à l'esprit, ni celle-là ni celles que ce prélude aura éveillées chez d'autres. – Pour des phénomènes de ce genre, les exemples proposés par un tiers courent toujours le risque de décevoir, mais tout amateur de musique a dans sa mémoire de pareilles expériences.

2. Au sujet du Prélude BWV 544 qui vient d'être mentionné, un célèbre spécialiste de l'orgue remarque (« s'il faut chercher quelques défauts à ce chef-d'œuvre ») que les sujets « apparaissent ou réapparaissent parfois sans logique » (N. Dufourcq, *J.-S. Bach, le maître de l'orgue*, Paris, Floury, 1948, p. 207).

on ne dispose donc pas, en s'appuyant sur elle, d'un repère permettant d'anticiper le texte qui serait convenable, « juste ». Le simple fait que la même musique soit utilisée dans les textes strophiques (dans les chants populaires comme dans les chorals ou certains *Lieder* de Schubert) pour les différentes strophes plaide d'avance contre les théories de l'adéquation.

Inversement le texte n'impose aucun choix musical déterminé. Pensons aux innombrables Messes, Psaumes, Magnificats qui, même en ne retenant que les œuvres les meilleures et les plus « expressives », ont suscité tant de solutions différentes, et chez le même compositeur (Haydn, Mozart, Schubert). On peut aussi comparer des séquences isolées particulièrement réussies et très dissemblables, telles que l'« Et incarnatus » du *Credo* traité par Guillaume de Machaut, Bach, Mozart. Ou encore les mises en musique convaincantes d'un même poème par des compositeurs différents (« Lamento » de Théophile Gautier par Berlioz et Gounod ; « In der Fremde » d'Eichendorff par Schumann et par Brahms, « Les deux grenadiers » de Heine par Schumann et Wagner)[1]. Un texte autorise toujours plusieurs interprétations : le *Kyrie eleison* (« Seigneur, aie pitié ») de la Messe peut être compris comme une prière suppliante, désespérée, confiante. L'auditeur ne peut juger de la prétendue justesse que par l'interprétation qu'il a faite sienne (sans d'ailleurs savoir si c'est aussi celle du compositeur), interprétation qu'il devra modifier si

---

1. Les madrigalismes ou figuralismes (*supra*, p. 42) ne font pas exception : il y a bien des façons de rendre une « montée » en musique, et la *montée* elle-même peut avoir des sens très différents. – La différence est spectaculaire dans le cas du poème *An die Freude* de Schiller, traité par Schubert (*Lied* D 189, environ 3 minutes) et par Beethoven dans le finale de sa *IXe Symphonie* (plus de 17 minutes).

d'aventure, parmi les centaines de *Kyrie* de notre tradition, il en découvre d'autres tout aussi « justes ». Il est plus raisonnable de renoncer à chercher l'explication du sentiment d'« adéquation » du côté de l'application plus ou moins contrainte d'un principe d'imitation.

Dès lors, c'est à l'idée même d'adéquation qu'il faut renoncer, et les cas de « correspondance » exemplaires doivent en réalité être attribués à la pure puissance de la musique. Plusieurs observations faciles à vérifier aideront à s'en convaincre. La première : que les passages en question, on l'a relevé déjà, valent par eux-mêmes du point de vue simplement musical. « La vertu de la musique absolue c'est que, même si elle a été composée en vue d'une situation donnée, elle fera de l'effet dans une tout autre situation [1]. » Quand on se remémore un de ces passages en le fredonnant, quand on accompagne du geste et de la voix telle plage favorite d'un disque, on se passe le plus souvent des paroles (oubliées parfois, ou mal comprises). Il arrive qu'une pièce vocale jugée particulièrement réussie soit tout aussi émouvante dans sa transcription instrumentale même lorsqu'on ignore l'original [2]. Mieux : tel air ou tel

1. C. Girdlestone (dans *Jean-Philippe Rameau*, Paris, Desclée de Brouwer, 1983, p. 316) à propos d'un commentaire de Chabanon sur l'Ouverture de *Naïs* du même Rameau.

2. Nombreuses transcriptions au Moyen Âge et à la Renaissance (constitution de répertoires pour orgue, luth, ensembles instrumentaux à partir de motets ou de chansons à la mode, telle la *Bataille de Marignan* de Janequin). Peut-être moins courantes aux siècles suivants (adaptations au clavecin d'airs de Lully), elles apparaissent ensuite dans les multiples reprises pour piano de Lieder et d'airs d'opéra, dans lesquelles on sait que Liszt s'est particulièrement illustré. Il est vrai que ces transcriptions vont de la reprise littérale aux arrangements et paraphrases, mais il est clair que leurs auteurs cherchaient à profiter de la puissance *musicale* des originaux, dont le texte n'était pas forcément connu ou du moins n'était connu qu'imparfaitement.

chœur chanté, dont on admire l'adéquation entre paroles
et musique, garde sa force lorsque les paroles changent,
et même – comme parfois chez Bach – ont une signification
très différente, voire opposée [1]. Le célèbre choral *O Haupt
voll Blut und Wunden* (« O tête tout ensanglantée et
meurtrie »), qui évoque les souffrances de Jésus et dont la
mélodie est souvent utilisée dans la musique sacrée
luthérienne (plusieurs fois dans la *Saint Matthieu* de Bach,
notamment au moment de la mort de Jésus sur la croix),
est ordinairement perçu comme une réussite émouvante
et un exemple parfait d'adéquation entre musique et texte ;
mais on sera peut-être surpris d'apprendre que cette mélodie
a été composée au début du XVIIe siècle par Hans Leo Hassler

---

1. Les cas de réemploi ne sont pas rares aux XVIIe et XVIIIe siècles,
de Monteverdi (le *Pianto della Madonna sopra il Lamento d'Arianna*)
à Mozart (*Davidde penitente*, avec réemplois de parties de la grande
Messe en Ut). L'*Oratorio de Noël* de Bach, on le sait, comporte un grand
nombre de réutilisations de compositions antérieures sur d'autres textes
(voir l'Annexe, p. 151). Un exemple frappant, l'aria d'alto n° 4 de la
Ire partie (*Bereite dich Zion*, « Prépare-toi, Sion »), qui reprend exactement
la musique du n°9 de la Cantate 213 (*Ich will dich nicht hören*, « Je ne
veux pas t'écouter ») : dans cette dernière, il s'agit du *refus* d'Hercule
de céder au plaisir, alors que l'autre veut rendre l'*ardente attente* de la
venue du Sauveur. Dans la même cantate 213, l'air chanté auparavant
par le plaisir pour séduire Hercule (n° 3) a, de manière à première vue
surprenante, fourni la matière de la berceuse chantée pour l'enfant Jésus
par la Vierge Marie (n° 19). Tout cela n'empêche pas l'*Oratorio* d'être
regardé comme une des plus belles réussites de son auteur. Voir aussi
l'exemple cité ci-dessus p. 60, note 1. – Il faudrait mentionner aussi les
chansons édifiantes composées lors de la Réforme sur des mélodies
associées à des paroles plutôt « inconvenantes », ou encore les fameux
Noëls empruntant leurs mélodies à des airs profanes parfois très éloignés
de tout esprit religieux, ainsi que les parodies satiriques et humoristiques
(parodies d'opéras de Lully et de Rameau, chansons politiques de la
Révolution). Ces derniers réemplois ne sont pas tous des réussites, mais
le simple fait que certains le soient a de quoi déconcerter le partisan de
l'adéquation.

sur des paroles signifiant « J'ai l'esprit troublé, c'est l'œuvre d'une tendre jeune fille ». Observation complémentaire, les nombreux figuralismes qu'on relève dans les œuvres de quasiment toutes les époques – et qui font le bonheur des commentateurs – sont loin d'avoir toujours produit ces réussites expressives exceptionnelles dont il est question ici ; c'est au contraire leur caractère convenu voire naïf qui frappe parfois l'auditeur, alors qu'ils devraient illustrer de façon exemplaire le phénomène d'adéquation[1]. « Réagir au premier degré au poids des mots », c'est courir le risque d'appauvrir la part de la musique[2]. – Si l'on admet l'hypothèse proposée ci-dessus, le sentiment d'adéquation est facile à expliquer. En effet, rien n'oblige mais rien non plus n'empêche que les représentations suscitées soient justement celles offertes par le texte, qui en quelque sorte « fait une offre » que l'auditeur n'a pas de raison de refuser, sauf exception[3].

Cette prise de position, on l'a dit déjà, n'a pas pour objet de discréditer les innombrables commentaires invoquant une sémantique musicale, et encore moins de

1. On se souvient des réserves d'A. Schweitzer envers certains « procédés » du grand J.-S. Bach (*supra*, p. 43, note 2). Pour ce qui est de l'époque baroque, l'aspect conventionnel de ces figures donne à penser que le compositeur est en quelque sorte tenu de respecter l'usage : sur des mots tels que « joie » ou « course », comment éviter une vocalise rapide ? Politesse à l'égard du public, plutôt que choix esthétique.

2. R. Tellart, *Monteverdi*, p. 141 (position prêtée à Monteverdi dans le débat de l'époque sur la priorité à accorder aux paroles ou à la musique). L'auteur ajoute, à propos de l'*Orfeo* du même Monteverdi : « Même quand elle semble se faire humble instrument du texte, la musique, sûre de son pouvoir, finit par rester, quoi qu'il arrive, la maîtresse de la parole. »

3. M. Chabanon cite un cas d'« adéquation » de ce genre, entièrement fortuite, puisque due à la survenue d'un orage à un certain moment de l'ouverture du *Pygmalion* de Rameau (R. Muller et F. Fabre, *Philosophie de la musique*, p. 152).

dévaloriser les œuvres correspondantes. Pour éviter les malentendus, il suffit de distinguer clairement les points de vue, celui de la composition et celui de l'audition. Il est difficile de contester que la majorité des compositeurs aient un souci d'*expression*, si l'on entend par là qu'ils ne se satisfont pas d'aligner des notes de façon plus ou moins ingénieuse en respectant les règles et les conventions, mais espèrent toucher l'auditeur, lui « dire » quelque chose. En attestent aussi bien les explications et commentaires qu'ils livrent parfois sur leur production que la lettre même des œuvres, à travers les textes choisis, les programmes, les titres : certes, les compositeurs n'ignorent pas que le texte n'est pas toujours compris, que le programme se révèle parfois indéchiffrable à l'oreille, que le titre reste énigmatique, mais les informations ainsi fournies traduisent bien une intention, celle d'orienter l'écoute vers des contenus identifiables, d'attirer l'attention sur un sens. S'ajoutent à cela divers indices puisés dans l'histoire de la musique ou dans la connaissance de la *manière* d'un créateur : même en l'absence d'indication expresse de sa part – dans les œuvres dépourvues de toute référence à un contenu, dans une symphonie, un quatuor – les spécialistes et les amateurs avertis remarquent nombre de procédés ou de figures qui « veulent dire quelque chose [1] ». Dans tous ces cas, qu'il s'agisse d'exprimer des sentiments, de peindre des caractères ou des objets naturels, d'évoquer des idées, voire de transmettre des convictions, il est difficile de nier

1. La rhétorique de l'âge baroque, avec ses figures conventionnelles (une succession harmonique, une pente mélodique, un rythme, un instrument) en fournit de beaux exemples. On attribue à divers musiciens une utilisation des nombres et rapports numériques (valeurs accordées à des notes, nombre de mesures d'une pièce) destinés eux aussi à signifier – pour qui sait les déchiffrer. Il existe toute une tradition d'interprétation symbolique de la musique qui voit des figures et des symboles partout.

la réalité, chez le compositeur, d'une volonté de signifier au moyen des ressources de l'art musical.

Du côté des interprètes et des auditeurs, la situation est beaucoup moins claire, même si l'on suppose qu'ils ratifient sans protester la conclusion précédente. Un exemple permettra peut-être d'apercevoir pourquoi. Dans la Préface du livre cité d'Albert Schweitzer, l'organiste Charles-Marie Widor évoque les échanges qu'il a eus avec ce dernier au sujet des chorals de J.-S. Bach. Il avoue qu'il éprouvait une certaine incompréhension à la lecture des partitions, dérouté par diverses particularités d'écriture. De par sa culture protestante, Schweitzer connaissait bien le texte des cantiques en question, et il entreprit d'expliquer comment ces particularités correspondent très précisément aux paroles. Widor en conclut qu'il est indispensable de s'informer d'abord de ces textes pour comprendre la musique et l'interpréter correctement. « Et c'est ainsi que nous nous mettions à feuilleter les trois livres du recueil en découvrant l'exacte signification des choses. Tout s'expliquait et s'éclairait, non seulement dans les grandes lignes de la composition, mais jusque dans le plus petit détail[1]. »

Nul doute qu'on ne puisse appliquer ce type de considérations à toutes les musiques auxquelles on prête des intentions signifiantes (pour peu qu'elles soient déchiffrables), et l'on ne trouvera pas mauvais que les interprètes s'en inspirent[2] ; mais qu'en est-il des auditeurs ?

---

1. A. Schweitzer, *J.-S. Bach, Le musicien-poète*, p. VIII.
2. S'ils se veulent serviteurs scrupuleusement fidèles du compositeur, ce qui n'est pas nécessairement le cas : certains estiment qu'ils doivent exprimer leur propre façon de ressentir l'œuvre, ou que la musique du passé doit être actualisée (« modernisée » dit le même Schweitzer dans la Conclusion de son ouvrage).

On ne reviendra pas sur l'impuissance radicale de la musique à communiquer un sens déterminé : les procédés auxquels on a fait allusion plus haut ou bien « ne veulent rien dire » pour l'auditeur, ou bien signifient d'une manière tellement générale qu'on peut y percevoir une foule de choses très différentes – y compris, bien entendu, celles qu'un texte additionnel impose. La question n'est donc pas de savoir si le compositeur « a le droit » de vouloir signifier, ni s'il est légitime d'informer l'auditeur, en allant jusqu'à lui remettre avant toute audition le texte des chorals ou le programme détaillé du poème symphonique : stimulant de l'imagination et source d'inspiration pour le premier, et pour le second occasion d'enrichir sa perception. Il s'agit seulement de reconnaître la réalité d'une expérience esthétique qui se dispense de ces adjuvants. Pour garder le même exemple, il est rare que l'assistance d'un concert d'orgue se compose uniquement de luthériens pratiquants ; la plupart des personnes ignorent par conséquent le détail des paroles, et ne sont pas en état de juger de la pertinence de la réalisation musicale : faut-il en conclure qu'elles n'éprouvent aucun plaisir, qu'elles n'ont aucune chance de « comprendre » cette musique ? Si l'émotion naît, on peut être assuré qu'elles y ont découvert « un sens qui leur parle ».

Cela mérite qu'on s'y arrête. Si sens il y a, c'est qu'une adéquation a été perçue ; mais une adéquation créée en quelque sorte par le travail de l'écoute, qui flotte entre différentes possibilités et finit par s'arrêter sur une « signification » s'adaptant avec bonheur au déroulement de la pièce. Ce travail ne se confond nullement avec la reconnaissance (l'identification de l'objet que le compositeur a cherché à rendre), dont on a vu qu'elle n'explique jamais à elle seule le plaisir; plus libre, il évite qu'on rabaisse l'écoute de la musique à un jeu de devinette, et favorise le *libre jeu* dont il va être question. – On n'en conclura pas qu'il faille recommander l'ignorance et renoncer à toute information sur les œuvres. Au contraire.

L'intérêt du formalisme

Au contraire, parce que les théories qui s'attachent exclusivement à l'ordre et à la forme ont aussi d'excellents arguments à faire valoir, et elles ne méritent pas le discrédit qui les frappe parfois à cause de leurs positions tranchées. Lorsque quelqu'un se délecte à l'écoute d'une pièce « à l'aveugle », si l'on peut dire, sans réellement comprendre le principe qui régit l'organisation des sons, sans d'ailleurs s'en soucier, il serait mal venu de le lui reprocher, et vain de lui contester son plaisir. Pourtant on ne peut s'empêcher de penser qu'une perception plus exacte de cette organisation a les meilleures chances d'accroître le bonheur de l'écoute. Rien ne le prouve, et le contraire arrive aussi; on ne manque pas alors d'évoquer l'épouvantail de l'intellectualisme desséchant, dans la pensée que la connaissance contrecarre le plaisir. Mais si l'hypothèse avancée dans les pages précédentes, qui repose sur l'affinité des éléments du discours musical avec les émotions, est fondée, elle plaide manifestement en faveur de l'analyse formelle, puisque celle-ci a précisément pour objet de mettre ces éléments en évidence.

Entendons-nous bien. Dans la présente enquête, on a toujours en vue l'auditeur ordinaire, et il ne s'agit pas de lui imposer, en préalable à toute écoute, un cours d'analyse musicale. Mais on ne voit pas non plus pourquoi on devrait s'interdire de l'informer, du moins de lui proposer un certain nombre d'informations susceptibles de l'éclairer sur ce qu'il entend, et donc d'affiner sa perception, à l'image de ce qui se fait couramment dans un musée de peinture ou dans un cours de littérature. Les degrés de cette initiation seront variables, en fonction des individus, des œuvres, des circonstances. On peut imaginer un véritable plan de formation (à l'école, pourquoi pas?), ou simplement mettre à profit les occasions favorables. Les fameux commentaires, qu'on brocarde volontiers quand ils se cantonnent dans des considérations biographiques ou psychologiques, retrouvent ici une pertinence. On ne dira jamais assez de bien des éditeurs de disques qui ont à cœur d'accompagner leurs publications de notices rédigées dans une langue précise et accessible, qui expliquent au profane le genre de l'œuvre et ses principales caractéristiques. Et malgré l'agacement ressenti parfois par les auditeurs avertis, les quelques mots d'introduction qui précèdent, à l'occasion, l'exécution d'une œuvre lors d'un concert ont probablement permis à d'autres de *percevoir* des phénomènes qui leur auraient échappé [1]. La perception n'implique pas le plaisir, mais elle en est une condition : pour être éventuellement touché par l'entrelacs des voix d'une fugue, il faut les entendre. Non qu'il faille recommander systématiquement une écoute analytique : il est certain que, mis à part les spécialistes dont c'est le métier, l'auditeur entend ordinairement un effet global, remarquant tel ou tel élément de la forme sans nécessairement la saisir dans tous ses aspects. On admettra néanmoins que les connaissances

1. On notera par ailleurs que l'expérience des réécoutes, rendue possible par la multiplication des enregistrements, est pour beaucoup d'amateurs un outil précieux pour se familiariser avec les œuvres, et par suite en mieux saisir l'organisation.

acquises sur l'organisation de l'œuvre et l'attention, même intermittente, accordée à ladite organisation, enrichiront la perception de l'ensemble[1].

Dans les discussions autour du formalisme, on se réfère parfois – pour s'en féliciter ou le déplorer – à la *Critique de la faculté de juger* de Kant. Dès le début, en effet, et en particulier dans l'analyse initiale des quatre moments du jugement de goût, l'auteur refuse la notion d'un beau qui serait une propriété objective (qui appartiendrait intrinsèquement aux choses que nous jugeons belles), et coupe court, de ce fait, aux tentations de l'attribuer directement à un contenu, quel qu'il soit. En outre, dans le troisième des quatre moments en question[2], la musique est brièvement introduite pour illustrer la notion de beauté *libre* : cette dernière « ne présuppose aucun concept de ce que l'objet doit être », par opposition à la beauté *adhérente* qui suppose au contraire un tel concept et la perfection de l'objet suivant ce concept. Comme les « dessins à la grecque », la musique sans texte ne signifie rien, ne représente rien. Si l'on étend la proposition à la musique

1. Il est des œuvres réputées faciles, dont une première écoute peut ne pas laisser une forte impression. Un exemple parmi des centaines : l'*Orfeo* de Monteverdi. Lorsqu'on prend la peine d'en parcourir une analyse détaillée (bien qu'abordable par le profane, comme celle de H. Halbreich, dans la Notice de l'enregistrement Erato de 1968, ou celle de R. Tellart, dans *Monteverdi*, p. 157 *sq.*) et qu'on la réécoute, on ne manque pas d'être impressionné par la variété des moyens et l'habileté de leur mise en œuvre : l'alternance des séquences (ritournelle instrumentale, chant solo, chœur), leurs reprises différentes, l'art de la modulation dans un simple récitatif, les changements de l'instrumentation en fonction du déroulement de l'action.

2. A partir du § 10. La définition du beau conclue du troisième moment est : « La *beauté* est la forme de la *finalité* d'un objet, en tant qu'elle est perçue en celui-ci *sans représentation d'une fin.* » (fin du § 17). Pour la beauté libre et la beauté adhérente, voir § 16 et 17.

en général, le rapprochement avec le formalisme s'impose. Pourtant une différence importante les sépare. Si selon Kant le beau n'est pas une propriété de l'objet, cela entraîne qu'il ne relève pas de la connaissance théorique ; ce qui exclut aussi bien les contenus représentatifs que les caractères formels. Dans les thèses formalistes au contraire, l'analyse (ou du moins la perception) de ces propriétés apparaît comme un passage obligé : la saisie, la contemplation des formes et de l'ordre imposé au matériau sonore y sont déterminantes.

La position de Kant est plus proche des hypothèses qui ont été avancées ci-dessus. Pour lui, le beau concerne uniquement la manière dont le sentiment de plaisir et de peine est affecté par les objets [1] ; et la satisfaction attachée au beau résulte de la perception d'un accord entre l'entendement (qui fournit les concepts, les formes permettant de penser des objets identifiables) et l'imagination (qui produit des contenus représentatifs variés). Mais le point essentiel est que cet accord est non contraint : la liberté de l'imagination *joue* dans la contemplation (§ 16) avec les formes de l'entendement. Ce qui veut dire que, d'un côté, le concept n'impose pas à l'imagination un objet déterminé, et de l'autre que l'imagination « essaie », pourrait-on dire, des formes avec plus ou moins de bonheur. Il y a *animation réciproque* de l'imagination dans sa liberté et de l'entendement dans sa légalité (§ 35). – Ces thèses concernent tous les arts, mais dans l'esprit de Kant, elles ne s'appliquent en toute rigueur qu'à la beauté libre (dans la beauté adhérente, le concept, par exemple celui d'*homme* ou de *palais*, impose un type de contenu, ce qui

---

1. Kant distingue trois facultés ou pouvoirs de l'âme : la faculté de connaître, le sentiment de plaisir et de peine, la faculté de désirer ; ces pouvoirs sont irréductibles l'un à l'autre (Introduction, III).

rend le jugement de goût moins pur), et donc à la musique [1]. Dans ce dernier cas, puisque aucune norme ne restreint le libre jeu des facultés dans cette animation réciproque, on n'est pas très éloigné de l'arbitraire et de la liberté d'appréciation de l'auditeur.

Le problème de la qualité

On en vient enfin à se demander si l'enrichissement de la perception suscité par l'analyse formelle des œuvres ne pourrait pas jeter quelque lumière sur l'irritant problème de la qualité, problème difficile à ignorer mais sans cesse différé, peut-être parce que la façon dont a été jusqu'ici menée la présente réflexion sur la puissance de la musique écarte par avance la possibilité de penser une différence de qualité. On aura en effet remarqué que les illustrations de cette réflexion ont presque exclusivement été empruntées à ce qu'il est convenu d'appeler la musique classique. Cette limitation répondait d'abord à un souci d'économie, étant entendu qu'il est impossible, dans une enquête de ce type, de parcourir une à une toutes les catégories relevant de la musique à un titre ou à un autre ; mais elle reposait aussi sur l'hypothèse que ce qui vaut pour cette catégorie a de bonnes chances d'avoir une portée générale. Le risque, pourtant, est manifeste : celui de l'indifférenciation voire du nivellement de l'ensemble de la production musicale – pour les genres aussi bien qu'à l'intérieur de chacun d'eux – et de l'impossibilité d'opérer des distinctions d'ordre qualitatif. Si tout objet musical, y compris les

---

1. Même si, dans le § 16, notre philosophe veut la restreindre à celle qui est dépourvue de texte. Mais il est moins catégorique plus loin : la musique (en général) comme art du beau jeu des sensations, distinct des arts figuratifs (§ 51) ; ou encore : la musique ne parle que par pures sensations sans concept (§ 53).

séquences isolées et détachées de leur contexte, est
susceptible d'entrer en résonance avec les « mouvements
de l'âme », on devra accepter l'idée que tout se vaut, et
renoncer, par exemple, à la notion de chef-d'œuvre ou de
genre supérieur. Et l'insistance mise par ailleurs sur la
liberté de l'auditeur aggrave encore la difficulté.

Pourtant, en dépit des objections – plus politiques
qu'esthétiques – que soulèvent habituellement les tentatives
de distinction et de hiérarchie dans les arts, ces derniers
constituent de fait un terrain privilégié d'évaluations :
déclarer qu'une œuvre est belle (ou réussie, ou comme on
voudra dire) revient à la distinguer de celles qui ne le sont
pas, ou le sont à un degré moindre, et donc à construire de
proche en proche des classements ; peu importe pour le
moment que ces derniers soient reconnus par le grand
nombre ou se limitent aux appréciations d'un individu. En
musique, ces classements sont monnaie courante : entre
les compositeurs, les œuvres, les genres (opéra, musique
de chambre...), les catégories (musique savante ou
populaire...). Tout le monde ou presque parle de grands
compositeurs, de genres nobles ; certaines productions sont
reconnues comme des chefs-d'œuvre absolus, ce qui
implique que d'autres ne le sont pas, ou ne le sont que
relativement. Chacun se reconnaît des préférences, beaucoup
se plaisent à dresser de petites listes des meilleurs disques
ou des concerts les plus réussis. Comment espérer rendre
compte de ces hiérarchisations omniprésentes si l'on
s'obstine à soutenir que l'auditeur est souverain[1], si le
moindre air de mirliton est mis sur le même pied qu'un

---

1. Il ne s'agit pas seulement ici des différences de goût entre plusieurs
personnes ou plusieurs groupes sociaux. Le problème est identique quand
on s'en tient aux évaluations d'un individu particulier, sans cesse occupé
à comparer et à classer.

oratorio pour ce qui est de sa capacité à émouvoir? Faut-il nier les évaluations, renoncer aux hiérarchies et classements?

Malheureusement, si l'on demande aux amateurs d'expliciter les critères au nom desquels ils se prononcent, les plus prudents se récusent en invoquant l'irréductible subjectivité du goût; d'autres se réfèrent à une évidence qui n'a pas besoin de preuves, ajoutant que des critères objectifs de qualité autoriseraient la fabrication en série de chefs-d'œuvre. Personne ne nie la difficulté; la tradition kantienne l'a théorisée, et même les plus résolus des adversaires de Kant ne se risquent pas à *démontrer* la qualité ou la supériorité d'une œuvre, attendu que démontrer consiste à établir une proposition par concepts valant universellement. La *Critique de la faculté de juger* n'interdit pas, néanmoins, de raisonner « pour parvenir à une justification et à un élargissement de nos jugements de goût [1]. » Pour répondre aux objections, il faut commencer par rappeler la limite qui a été reconnue à la liberté d'appréciation de l'auditeur [2] : ce dernier ne se laisse pas aller de façon désordonnée à des émotions ou à des représentations arbitraires, il *réagit*, c'est-à-dire qu'il est confronté à des objets qui, quoi qu'on fasse pour le minimiser, s'imposent à lui. Dans les arts en général, la présence d'objets est requise, quels que soient ces objets et leur statut ontologique (réalité physique ou simple représentation); il suffit qu'ils soient distincts (ou saisis comme distincts) de la conscience percevante, et en état de lui opposer une résistance, en d'autres termes d'exiger un effort d'attention, si faible soit-il.

---

1. E. Kant, *Critique de la faculté de juger*, successivement § 6-9 et § 34.

2. Voir *supra*, p. 108.

Cela dit, c'est une tout autre affaire de définir les conditions d'une pareille résistance. Le contraire semble plus facile : l'inconsistance de certains spectacles, tableaux ou mélodies apparaît immédiatement comme un signe de médiocrité ; mais les raisons en sont variables et difficiles à généraliser : telle peinture à première vue banale révèlera peut-être une force inattendue à qui s'y attarde et s'y attache. Cependant renoncer à définir de vrais critères de consistance ou de résistance n'interdit pas de faire quelques observations simples. Si l'on cherche à faire l'éloge d'un roman, on mettra en avant, par exemple, l'habileté de l'intrigue, les personnages bien dessinés, l'intérêt (philosophique, social, politique) des questions abordées. Il saute aux yeux, assurément, que ces termes ne font que reculer le problème : demandez ce qui fait qu'une intrigue est *habile*, un caractère *bien* dessiné etc., et vous obtiendrez des résultats de la même eau (une intrigue habile comporte des péripéties *ingénieusement* agencées ; bien dessiné, pour un personnage, c'est un *dosage savant* des aspects physiques, psychologiques et sociaux). Pourtant cette manière de tourner en rond n'est pas vaine : même si chacune de ces réponses se révèle incapable de dégager une notion précise pouvant servir de critère, le fait de parcourir successivement plusieurs aspects ou paramètres de l'œuvre, de s'astreindre à les cerner toujours de plus près, de les confronter, tout cela conduit immanquablement à une connaissance plus fine de l'œuvre, mais surtout fournit l'occasion de ces interactions multiples – jeux de l'imagination et de l'entendement – qui sont au fondement du plaisir esthétique. Une œuvre médiocre exige peu d'effort de déchiffrage et contient peu de facteurs susceptibles d'interagir.

Ce qui est évident d'un roman ou d'une peinture s'applique sans difficulté à la musique : dans tous les cas, l'inconsistance de certains « objets » est manifestement un indice de médiocrité. Or la « consistance » passe ici comme précédemment par le soin porté à la mise en forme, par l'inventivité dans le choix des moyens, par l'ingéniosité de leur utilisation. De quoi offrir à l'amateur une *matière* riche et variée, à même de solliciter son attention, son intelligence, et donc susceptible de susciter diverses émotions [1]. On trouvera toujours – pour rester sur le terrain de la musique – à exhiber une piécette d'une extrême simplicité dans la forme, dans l'instrumentation, dans l'harmonie, etc., que pourtant on prétendra « géniale » ; peut-être bien, mais le mal qu'on se donne pour en découvrir de telles montre assez qu'il s'agit d'exceptions, la démonstration du contraire étant aisée [2]. – Il est vrai que la consistance ainsi comprise (la richesse de texture et son ordre) n'est pas en soi une assurance de qualité : tel se montrera inventif, appliqué, et paraîtra artificiel ou boursouflé [3] ; tel autre, malgré son application, se heurtera à l'indifférence du public. La réception des œuvres d'art est un problème à multiples dimensions, auquel l'histoire de l'art est régulièrement confrontée, problème qu'elle permet parfois d'éclaircir, sans apporter toutes les réponses [4].

---

1. Comparer *supra*, p. 93-94, l'idée de « quantité d'information » avancée par le pianiste C. Zacharias à propos des mélodies de Schubert, ainsi que l'analyse par A. Berg de la « Rêverie » de Schumann.
2. C'est-à-dire : il est facile de citer un grand nombre d'œuvres complexes et variées, et au moins aussi « géniales ».
3. Voir une mise en garde contre les « gourmets », qui multiplient sans nécessité les ingrédients pour plaire davantage, dans Alain, *Propos*, I, « Bibliothèque de La Pléiade », Paris, Gallimard, 1956, p. 922.
4. Que la *Carmen* de Bizet ait été accueillie froidement nous étonne, que Mozart n'ait pas réussi à réunir assez de souscripteurs pour ses derniers quintettes à cordes (K. 406, 515 et 516) nous désole. Comme

En dehors ou en deçà de la mise en forme et des interactions dont on vient de parler, on pourrait se pencher aussi sur la qualité propre ou l'intérêt des « objets » musicaux élémentaires ou isolés tels qu'une mélodie, un enchaînement harmonique, un rythme, l'entrée d'un instrument. Mais vouloir expliquer pourquoi un tel « objet » plaît ou est supérieur à un autre, est encore plus présomptueux [1]. Dans les pages précédentes on a constamment usé d'une formule prudente (« susceptible » de susciter du plaisir, des émotions), parce qu'en vertu de la thèse du caractère individuel des jugements esthétiques, on ne peut affirmer dogmatiquement que tel morceau ou telle séquence produiront à coup sûr la satisfaction escomptée. Pour la même raison, il est impossible de définir des critères de la « bonne » formule, de la tournure ou de la combinaison qui obtiendra l'effet souhaité. Si on le prétend, si on l'enseigne sous forme de recettes, c'est qu'on a affaire à une technique de production de type industriel, très éloignée, quoi qu'il en soit, des méthodes de composition des chefs-d'œuvre du genre. Tout ce qu'on peut dire [2], c'est que certaines figures (mélodiques, rythmiques, etc.) entrent en résonance avec le psychisme de l'auditeur de façon plus

on sait, ce ne sont pas des cas isolés. Le point de vue adopté dans le présent travail ne permet pas d'approfondir la question.

1. Ici encore il paraît plus facile de repérer la médiocrité : une mélodie simple, un rythme invariable, une harmonie plate ont peu de chances d'engendrer un chef-d'œuvre si le compositeur n'en fait rien, s'il ne développe ni ne varie mais répète. A supposer que la première occurrence ait quelque chose de séduisant, l'attention retombe vite parce que l'objet ne résiste pas, n'offre aucun aliment au jeu de l'imagination et de l'entendement. Des exégètes ont fait remarquer que certains thèmes de fugue de Bach paraissent banals à la première occurrence, qu'ils ne révèlent leur pouvoir qu'au fur et à mesure du développement.

2. En reprenant les suggestions de F.-B. Mâche rapportées ci-dessus.

séduisante ou plus prégnante que d'autres : l'attention est
attirée, une énergie s'active, qui éveille des émotions,
plaisantes parce que dominées. Bien entendu, ce ne sont
pas seulement des figures isolées qui produisent ces effets :
ce sera aussi bien le résultat d'une construction progressive,
d'une lente conquête, d'un cheminement, où alternent les
continuités et les ruptures, la variété des rythmes ou des
intensités – toutes choses qui supposent qu'on ait affaire
à une matière *consistante*. On pourra sans difficulté greffer
là-dessus les discours plus ambitieux de ceux qui, comme
Schopenhauer[1], mettent en correspondance l'appareil
sonore avec le monde des Idées, la voix de la nature ou de
la divinité pour expliquer la puissance des effets musicaux :
les thèses de ce genre ne peuvent être ni prouvées ni
démenties, et si elles satisfont leurs défenseurs parce
qu'elles rendent leurs émotions intelligibles à eux-mêmes,
on ne voit pas pourquoi elles nuiraient à l'écoute de la
musique. On prendra garde toutefois à ne pas réduire la
qualité ou la consistance à la simple polysémie, comme
on l'entend souvent pour les œuvres littéraires : la multiplicité des sens que l'auditeur est tenté d'attribuer à ce qu'il
entend appartient encore à cet au-delà de la musique qui
nous reconduit dans l'impasse des explications par la
reconnaissance[2]. Ce ne sont pas les significations données
aux œuvres qui produisent par elles-mêmes les effets dont
il est question : il s'agit toujours et d'abord de la variété
des émotions[3], induites par les divers éléments musicaux
perçus, si diversité et variété il y a.

---

1. Voir *supra*, p. 70. Ce discours est plus répandu qu'on croit, on lit
souvent des déclarations qui attribuent les effets de la musique à ce
pouvoir d'entrer en communication avec un monde supérieur ou idéal.

2. Cf. *supra*, p. 82.

3. *Cf.* l'« animation réciproque » dont parle Kant (*supra*, p. 127).

L'histoire de la musique propose souvent des éléments d'explication pour rendre compte de la carrière des compositeurs, de la nature de leurs œuvres, des raisons de leur succès : le milieu familial, les études auprès de tel maître, les accidents de la vie. L'histoire est dans son rôle, et ces renseignements satisfont la curiosité de l'amateur ; mais les auteurs sont bien conscients que ces circonstances n'expliquent pas comment ni pourquoi Mozart ou Debussy ont eu *cette* « inspiration » (le mot est à lui seul un aveu), pourquoi des centaines d'individus ayant connu un destin ou une personnalité semblables n'ont rien réalisé de tel. Les compositeurs interrogés à ce sujet invoquent parfois la quantité de travail fourni avant de pouvoir réaliser des œuvres dignes de ce nom ; on veut bien les croire (d'autant que les historiens en apportent souvent la preuve [1]), mais que dire de tant de besogneux qui ont peut-être autant travaillé ? Quand Kant propose la notion de génie [2], c'est pour prendre acte de cette limite de l'explication : la nature donne des lois à l'art, c'est-à-dire un ensemble de faits *donnés*, non produits ni maîtrisés par l'homme, et sur lesquels par conséquent bute l'analyse.

L'impossibilité de définir précisément ce qui fait la supériorité d'une œuvre n'est pas sans analogie avec le paradoxe initial d'un art dont la puissance est réputée produire des effets extraordinaires, mais qui rencontre aussi des oreilles insensibles à son charme. Les analyses développées jusqu'ici ignoraient cet obstacle, comme si cette fameuse puissance s'exerçait sans distinction sur

1. Les biographes de Bach mettent volontiers en avant, quand il s'agit d'« expliquer » la maîtrise exceptionnelle du compositeur en sa maturité, la variété et le sérieux des expériences que le musicien a pu faire dans sa jeunesse, dans sa famille et au cours de divers déplacements (à Hambourg, à Celle, à Lübeck).

2. E. Kant, *Critique de la faculté de juger*, § 46.

tous ; ce que pourtant l'expérience dément régulièrement.
Comment rendre compte de cette incohérence[1] ? Si l'on
écarte les circonstances accidentelles (des interprètes
médiocres, de mauvaises conditions d'écoute) qui nous
privent de la disponibilité indispensable pour apprécier
une œuvre d'art, il faut avouer qu'on se sent déconcerté
si l'ami à qui l'on veut faire découvrir le *Voyage d'hiver*
de Schubert se contente d'une approbation polie ; on l'est
tout autant sinon davantage de voir Rousseau critiquer
sévèrement le monologue d'Armide, ou Nietzsche reprocher
à Wagner d'avoir ruiné la musique[2] ; on ne dira pas que
ces gens manquent de sensibilité, plutôt – du moins pour
les deux derniers – qu'ils sont momentanément obnubilés
par leurs convictions philosophiques et politiques[3].

Que l'efficacité de la musique repose sur la saisie d'une
« vérité », celle des objets « représentés » ou celle de la
structure formelle, est une hypothèse qu'on a écartée
ci-dessus ; ce n'est donc pas en raison d'un manque de
connaissances – qu'il suffirait d'enseigner méthodiquement –
que pèchent ceux qu'elle laisse indifférents. Le problème
est plus opaque encore si la musique exerce son pouvoir à
travers des archétypes *universels* présents au fond de nos
consciences ; à moins de supposer que chez certains les
archétypes soient si profondément enfouis qu'ils exigent,
au lieu d'un enseignement, un traitement psychologique
approprié.

1. Pour éviter les interférences, la question doit évidemment être
posée en se référant à la musique dépourvue de textes ou de programmes.
2. J.-J. Rousseau, *Lettre sur la musique française*, dans *Œuvres
Complètes*, V, p. 322 *sq.* (sur le monologue de l'acte II, scène 5 de l'*Armide*
de Lully) ; F. Nietzsche, *Le cas Wagner*, second post-scriptum.
3. L'un comme l'autre goûtaient fort, dans une période antérieure,
ce qu'ils ont ensuite renié ; *cf.* R. Muller et F. Fabre, *Philosophie de la
musique*, p. 95 (Rousseau) et p. 42 (Nietzsche).

On trouve peut-être un début d'explication dans les difficultés qui ont été relevées à propos de la maîtrise du temps. Si le plaisir de la musique repose sur la « réalisation du présent », cette dernière requiert une attention qu'à l'évidence on ne peut soutenir indéfiniment. L'indifférence à certaines musiques serait dans ce cas la conséquence d'une incapacité à récapituler les nombreux éléments constitutifs d'une œuvre, et plus celle-ci est longue, qu'on l'envisage dans sa totalité ou même seulement dans une de ses parties, moins l'auditeur sera en mesure d'en maîtriser et unifier le cours. Or un des traits qui distinguent les musiques qui « ne disent rien » à certains consiste précisément en ce qu'elles durent plus longtemps : une chanson ou une danse populaires (si l'on fait abstraction du nombre de strophes quand la musique se répète à l'identique) est généralement simple dans sa structure, et formée de séquences assez brèves, plus en tout cas que l'ordinaire des symphonies ou des sonates. On comprend que l'effort d'attention demandé à l'auditeur, la tension qui en résulte puissent contrecarrer le sentiment de maîtrise du temps. Ce que tend à confirmer le fait que les amateurs novices entrent plus aisément dans le jeu quand on leur propose un rondo, dont le refrain est à peu près identique à chaque répétition ; ce résultat s'observe même avec une fugue, forme pourtant réputée plus difficile, grâce au retour périodique d'un thème toujours reconnaissable (ordinairement).

La durée n'est pas tout. La fugue ou le rondo produisent un sentiment de proximité, de familiarité, dont le bénéfice principal est de donner à l'auditeur quelque chose à saisir, un objet à penser, aussi vague fût-il. Car celui qui déplore que tel morceau « ne veut rien dire » constate surtout qu'il ne peut mettre aucun nom sur ce qu'il entend. Dans la peinture figurative, l'amateur a immédiatement affaire à des contenus identifiables, dont la saisie produit ce minimum de familiarité nécessaire pour retenir l'attention. Bien que cette familiarité, on l'a dit et répété, ne soit qu'un préalable et n'épuise pas la question de l'émotion esthétique, elle évite au spectateur de se sentir étranger à l'œuvre, et de se plaindre qu'elle « ne lui dise rien[1] ». C'est bien pourquoi la pédagogie musicale recourt si volontiers aux musiques à programme : associer telle séquence à telle image donne *quelque chose* à penser, et habitue à percevoir les constituants musicaux.

Au lieu de familiarité, on préfèrera peut-être parler de culture. Simple affaire de nom, si le terme désigne la fréquentation régulière des œuvres et une sorte d'immersion dans l'environnement qui les a produites, ce qui finit par les dépouiller de leur étrangeté – étrangeté qu'elles conservent au contraire pour les non-initiés. Les choses se compliquent quelque peu quand on utilise le mot au pluriel : *les* cultures, comprises comme développement différencié dans le temps et l'espace des aptitudes humaines ; ce qui aurait pour conséquence naturelle que les individus de culture différente ont des sensibilités différentes aux productions de l'art. Ce relativisme culturel permet peut-être de comprendre qu'un européen ne goûte guère la musique classique japonaise[2], mais il n'est d'aucun secours pour expliquer ce qui est ici en question : pourquoi un européen peut rester étranger à Mozart. A moins de distinguer autant de cultures que de lieux géographiques et de périodes de l'histoire : il faudrait alors être un Viennois du XVIIIe siècle pour apprécier Mozart. Mais on voit bien que ce relativisme exacerbé ne résout rien : on dispose d'assez de preuves que bien des amateurs de musique

---

1. La peinture abstraite, en revanche, produit souvent des réactions comparables, pour les mêmes raisons.
2. Les témoignages contraires ne manquent pas, il ne s'agit ici que de suppositions.

étaient indifférents à Mozart dans la Vienne du XVIIIe siècle. Reste l'espoir que la familiarité ou la culture (de quelque façon qu'on l'entende) viennent à bout de cette sorte de surdité, qui garde néanmoins une part d'opacité.

Il aurait été plus simple d'attribuer d'entrée de jeu cette forme de surdité à une déficience naturelle. Mais même si on ne la refuse pas pour des raisons de principe, une pareille affirmation ne peut jamais constituer un point de départ : il faudrait auparavant qu'on ait tout essayé, c'est-à-dire mis en œuvre toutes les ressources de l'éducation. Les investigations scientifiques qui se sont multipliées dans ce domaine le confirment à leur manière en mettant en évidence la plasticité du cerveau, qui invite en effet à « tout essayer [1]. » D'un autre côté, les recherches menées sur la perception d'universaux sonores, sans être absolument concluantes, tendent néanmoins à confirmer l'existence de constantes par-delà les différences de culture [2]. Nouvel argument pour affirmer l'unité essentielle de la nature humaine, et pour contrer l'hypothèse d'une insensibilité – naturelle ou culturelle – aux effets de la musique

---

1. « Nous naissons tous avec un cerveau prêt à répondre à la musique » écrit une spécialiste du sujet, I. Peretz, *Apprendre la musique*, p. 57. Dans le même sens, voir E. Bigand (dir.), *Les bienfaits de la musique sur le cerveau*, p. 111-112.

2. Ce point est une des préoccupations majeures de F.-B. Mâche. Ses thèses ne sont d'ailleurs pas sans rapport avec les investigations qu'on vient de mentionner, puisque ces universaux ont pour lui des fondements physiologiques (voir F.-B. Mâche, *Musique au singulier*, p. 179 *sq.*, spéc. p. 185-187 ; p. 257 *sq.*). Toutefois la position de l'auteur ne se confond pas avec celle des neurosciences : les circuits neuronaux ne suffisent pas à rendre compte de la musique, ni pour le compositeur ni pour l'auditeur. (voir aussi R. Muller, « Le sens de la musique », dans M. Grabócz et G. Mathon (dir.), *François-Bernard Mâche, le compositeur et le savant face à l'univers sonore*, Paris, Hermann, 2018, p. 97).

CONCLUSION

Ces dernières remarques reconduisent à deux observations faites dès l'Introduction pour annoncer la difficulté de l'enquête, l'impossibilité de définir l'œuvre musicale, et la grande disparité des situations d'écoute. L'œuvre, disions-nous, ne s'identifie pas à la partition, et aucune interprétation ne peut prétendre être la vraie. D'autre part, l'effet d'une composition sur le public dépend tellement des conditions de sa réception qu'il est impossible de l'analyser hors contexte : les auditeurs n'entendent pas tous la même chose, et un auditeur peut percevoir une même œuvre de façon différente selon les circonstances, sans compter que les moyens modernes de reproduction lui permettent de « recomposer » les œuvres à sa manière. Dans les chapitres précédents, ces observations avaient pour fin de préparer la thèse de l'indétermination du prétendu message musical : en dehors de quelques cas limites, ni le compositeur ni les analyses des musicologues n'ont le pouvoir d'imposer une signification à ce qui est entendu [1]. On s'aperçoit finalement que ces mêmes faits ne constituent en aucune manière des obstacles à la

---

1. Comme dit Schumann à propos du programme fourni par Berlioz pour sa *Symphonie fantastique* : « Tel est le programme. Toute l'Allemagne l'en dispense. » (*Sur les musiciens*, p. 151).

puissance de la musique. A partir du moment où ce que
l'auditeur perçoit engendre en lui, à la faveur de l'attention
qu'il leur apporte, une série d'émotions positives et
maîtrisées, peu importent les incertitudes quant au statut
ontologique de l'œuvre (« Est-ce bien là la *Ve Symphonie*? »),
et peu importent les représentations qui accompagnent
l'écoute, si toutefois elles existent[1] : la puissance de la
musique n'en est pas affectée.

On en conclura que les désaccords qui règnent entre
les interprètes, entre les auditeurs, entre les commentateurs,
de même que les polémiques que ces désaccords font naître,
sont à la fois inévitables et peu susceptibles de modifier
les goûts. Inévitables parce qu'aucun raisonnement ne
permet de déterminer la vraie nature de l'œuvre dont on
parle, et donc de départager les interprètes ou les auditeurs
quand ils se querellent sur la bonne façon de la comprendre.
Tout au plus invoque-t-on alors le respect des indications
non ambiguës du compositeur – quand elles existent. On
sait en effet que bien des partitions restent muettes sur
différents paramètres qui pourtant décident du résultat : le
tempo, la destination instrumentale, l'intensité, l'articulation[2]. Dans le cas contraire, lorsque l'œuvre est éditée
dans de bonnes conditions et pourvues de toutes les

1. L'absence d'images est peut-être tout aussi fréquente, même dans
le cas de musiques ouvertement descriptives. Des amateurs d'opéra
affirment qu'ils goûtent la musique sans se soucier beaucoup du livret
ni des paroles (parfois ineptes, il est vrai).

2. Le tempo se déduit parfois – plus ou moins conjecturalement – de
la mesure (4/4, 6/8, etc.), de la place du morceau dans un ensemble
(1er ou 2e mouvement d'un concerto). Des mentions telles que *Andantino*
ou *Allegretto* sont interprétées diversement par les spécialistes. La grande
majorité des pièces d'orgue de Bach sont dépourvues de toute indication
de registration, d'où les choix très contrastés des organistes. Dans la
musique de chambre des XVIIe-XVIIIe siècles, les instruments sont souvent
interchangeables, ce qui interdit de figer une version.

précisions requises, les musicologues nous avertissent que les meilleures contiennent des erreurs, ou des conventions d'écriture dont le sens a été oublié ou reste discuté[1]. Certains interprètes vont jusqu'à dire que le compositeur s'est trompé, que les articulations ou les intensités ont été indiquées de manière arbitraire, qu'il manque une note ici ou là[2]. Comment trancher ? On pourrait penser que les interprétations données par les compositeurs de leurs propres œuvres fournissent un étalon indiscutable, et que dans ce cas on atteint la vérité. Pourtant les critiques (et les auditeurs) se sont parfois montrés sévères avec Stravinski chef d'orchestre ou Ravel pianiste, ou ont préféré un autre chef à Boulez dirigeant une de ses productions. Le compositeur peut d'ailleurs varier dans la conception de sa musique et en proposer successivement des restitutions différentes[3].

Effacer les désaccords et les polémiques est non seulement impossible, disions-nous, mais encore peu souhaitable, et en musique moins qu'ailleurs. Une partie des motifs d'incertitude qu'on vient d'énumérer se rencontre

1. Cas fréquent dans la musique de la Renaissance ou celle de l'âge baroque (hauteurs altérées non notées, notes inégales, réalisation des ornements ou de la basse continue).

2. Comme à la fin du Prélude en si b majeur, BWV 866, du *Clavier bien tempéré* de Bach. Certains ont renforcé l'orchestration dans les concertos de Chopin, d'autres ajouté des notes à des pièces du même Chopin (les pianistes qui s'écartent volontairement du texte ne sont pas rares, au dire des spécialistes) ; mais il y aurait ici trop de cas à citer. – Il faudrait prendre en compte par ailleurs les remaniements successifs d'une œuvre, qu'ils soient dus à des repentirs du compositeur ou au besoin de l'adapter aux conditions d'exécution (changement d'interprète, de formation instrumentale, comme pour l'*Idoménée* de Mozart) : quelle est alors la bonne version ?

3. Le pianiste Krystian Zimerman raconte que lorsque Leonard Bernstein dirigeait sa *Symphonie n° 2*, chaque exécution était différente, notamment dans les tempos (Revue *Classica*, n° 196, oct. 2017, p. 55).

en effet dans les autres arts, et tous sont exposés à la proli-
fération des interprétations. Mais en musique [1] ce dernier
mot recouvre deux niveaux différents, celui des exécutants
et celui des auditeurs, dont les effets s'additionnent. Dans
les autres domaines, on n'a guère affaire qu'au second
niveau : le sens « véritable » d'une œuvre plastique ou
littéraire peut faire l'objet de débats tout aussi passionnés,
mais l'œuvre résiste davantage. Un recueil de poèmes
apparaît comme un ensemble achevé et bien défini ; les
remaniements successifs, s'ils sont connus, donnent lieu
à un appareil de variantes dans les éditions savantes, mais,
hormis les spécialistes, le lecteur s'en soucie peu ; les
interprétations, dès lors, butent sur ce bloc, sur la lettre,
qu'on transgresse parfois allègrement mais dans certaines
limites. On raisonnera pareillement pour une peinture ou
un édifice : même lorsqu'on connaît les tâtonnements et
les ébauches de l'artistes, ce qui n'est pas le cas le plus
fréquent, l'œuvre achevée par son auteur possède une
autorité qui s'impose aux exégètes : ils n'ont pas ici affaire
à des intermédiaires, et dans la grande majorité des cas
l'œuvre a effectivement un *sens* (une descente de croix,
un *David*) qu'on ne peut ignorer. On a assez dit qu'il en
va tout autrement en musique.

Pourquoi alors n'est-il pas souhaitable de trancher, de
réduire les incertitudes, bref de fixer le « sens » des
compositions musicales ? On a bien soutenu en commençant
que pour être appréciée elles devaient « parler » à l'auditeur,
avoir une signification ; « Cela ne veut rien dire », se

1. On ajoutera le théâtre et quelques formes plus récentes de
« performances ».

plaignent ceux qui ne trouvent aucun motif de satisfaction à ce qu'ils entendent. Aussi, on l'a rappelé, la pédagogie musicale s'astreint-elle à mettre des mots sur la musique : on communique les textes et les programmes lorsqu'il y en a, on invente des scénarios dans le cas contraire, en recourant à la biographie des auteurs, à leurs lettres, et pourquoi pas aux sentiments des interprètes « transmettant leurs émotions ». Rien à redire, les amateurs de musique ont sans doute tous commencé par là. Jusqu'au jour où ils s'aperçoivent que ce qui les saisit dans les morceaux qu'ils apprécient ne correspond pas exactement à ces contenus imposés, en est même parfois très éloigné. S'ils s'efforcent de préciser ce qu'ils ressentent, les formulations ont beau être vagues et changeantes, ils constatent que leurs impressions ne s'accordent pas nécessairement avec celles des autres auditeurs. On s'étonne, on essaie d'argumenter, on s'enflamme. Et voilà lancés ces interminables débats sur le sens de la pièce ou sur la bonne interprétation. Débats qu'on finit par abandonner, sous prétexte que « des goûts et des couleurs il ne faut pas disputer. » Mais pourquoi abandonner ? Ne devrait-on pas dire au contraire que rien n'est plus légitime (ni plus réjouissant) que ces disputes ? S'il y a un domaine où une discussion qui ne conclut pas est justifiée et féconde, c'est bien celui-là. Dans les controverses scientifiques ou techniques, les opinions divergentes finissent – en principe – par céder devant la vérité, ou l'efficacité ; dans les débats éthiques, on ose espérer que les exigences de la vie commune aboutissent au moins à quelques consensus. Rien de tel dans les arts : aucune nécessité supérieure ne peut prétendre imposer sa loi et mettre un terme à la libre discussion. Personne n'a raison, donc personne n'a tort[1]. Et comme la musique se prête, plus que les autres arts, à une multiplicité de désaccords, pourquoi se priver du bonheur de faire entendre aux autres une variété d'idées, d'images, d'émotions[2] ?

Ce mode très particulier d'échanger des arguments a quelque chance, paradoxalement, d'inciter à la tolérance. Certes, vouloir faire prévaloir son jugement signifie que ce qui vaut pour soi doit valoir pour tous : universalité postulée par la moindre discussion, sur les sujets les plus futiles comme sur les valeurs essentielles, et qui ne fait qu'exprimer la croyance en l'unité de la nature humaine. Le fait qu'en matière esthétique l'expérience infirme souvent[3] cette conviction suscite à la fois une certaine irritation et une forme d'indulgence, quand éclate l'impossibilité d'une démonstration contraignante. Mais

---

1. L'histoire rapporte certes de nombreux cas de condamnation d'œuvres d'art au nom des bonnes mœurs ou des valeurs religieuses. Mais c'est un tout autre problème. On le voit déjà chez Platon, qui passe si souvent pour avoir confondu les domaines : si Homère et d'autres sont bannis de l'État de la *République*, c'est clairement pour des raisons politiques ; du point de vue esthétique, le texte le dit en toutes lettres, ces auteurs ont beaucoup de charme, et on peut les goûter impunément si on dispose de l'antidote, à savoir la connaissance de leur vraie nature et une conception adéquate de la justice (*République*, X, 595a-c ; 606e-608a).

2. L'opéra en apporte une confirmation a contrario : la mise en scène y a en effet pour rôle de limiter l'imagination du public, en imposant, avec brutalité parfois, un cadre, une imagerie, des gestes bien déterminés, parfois très éloignés de la conception qu'en a le spectateur (et qu'en avait le compositeur). Ce qui, loin de l'enrichir, fait obstacle à la perception de la musique en la privant de ses multiples virtualités – au point qu'on se demande si les meilleures mises en scène ne seraient pas celles qui se font oublier.

3. Exagération manifeste, pour pousser le raisonnement à la limite. L'expérience de l'accord avec une foule d'admirateurs, ou avec une tradition séculaire, est certainement plus fréquente.

si dans les autres débats l'on est tenté d'accuser d'obstination déraisonnable (voire pire) celui qui ne se rend pas aux arguments rationnels, ici se fait jour l'idée que *peut-être* l'autre n'a pas tout à fait tort, que l'œuvre « signifie » *peut-être* aussi autre chose. Les désaccords initiaux se résolvent parfois par un élargissement de la perception, par une nouvelle richesse de l'expérience esthétique des participants : après une altercation amicale sur les mérites comparés de deux versions de notre morceau préféré, nous repartirons alors convaincus l'un et l'autre de la valeur du jugement adverse – et par-dessus tout de l'étonnante puissance de la musique.

Sexagésime, Introit

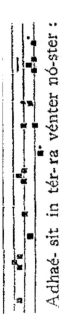

Adhaé- sit in tér- ra vénter nó-ster :

*III*e *Dimanche de Carême*, Communion

Comm.
1.
Passer * invénit si-bi dómum, et túrtur nídum,

Jeudi saint, Matines, Répons 5

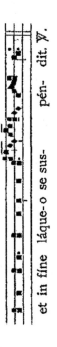

Ascension, Offertoire

MONTERVERDI, Ballet *Tirsi e Clori*

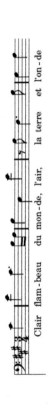

Tirsi solo

Per mon - tie per val - li Bel - li - si - ma Clo - ri giá

cor - ro - no cor - ro - noa bal - li le Nin - fee Pas - - to - - ri

RAMEAU, *Les Indes galantes*, IIᵉ Entrée. Huascar Chœur. Clair Flambeau du monde

Clair flam - beau du mon - de, l'air, la terre et l'on - de

TEXTE ET MUSIQUE CHEZ J.-S. BACH

1. L'objet de cette Annexe est de fournir des exemples supplémentaires des rapports de la musique et du texte puisés dans l'œuvre de J.-S. Bach. Les œuvres vocales de ce compositeur sont souvent utilisées pour ce genre d'étude, parce que, très nombreuses, elles offrent un abondant réservoir d'exemples – et que par ailleurs personne ne met en doute les qualités du musicien. Il se trouve en outre que, au-delà de leur abondance, ces exemples illustrent des cas différents du rapport texte-musique, ce qui accroît leur intérêt.

2. Les œuvres vocales de J.-S. Bach sont les suivantes [1] :
– des cantates, au nombre de plus de 200 (un peu moins de 200 cantates sacrées ; 26 cantates profanes [2]) ;

---

1. Ne sont mentionnées que les œuvres authentiques et intégralement conservées (ou peu s'en faut). Dans la suite, ces œuvres sont désignées par le numéro du catalogue établi par W. Schmieder en 1950, *Thematisch-systematisches Verzeichnis der Werke Joh. Seb. Bachs* (abrégé en BWV, pour « Bach-Werke-Verzeichnis »). Dans la bibliographie surabondante consacrée à notre compositeur, on trouvera sans difficulté les renseignements complémentaires dont on pourrait avoir besoin (sur les dates des œuvres, leur destination, les textes…) ; sont principalement utilisés ici les ouvrages de A. Pirro, W. Neumann, A. Basso et G. Cantagrel (voir la bibliographie).
2. Parmi elles, 19 dont la musique originale est conservée, et 7 qu'on peut restituer grâce aux parodies (voir ci-après).

– 7 motets sur texte allemand ; on peut leur rattacher le motet *Tilge, Höchster, meine Sünden*, qui est une parodie, sur texte allemand, du *Stabat Mater* de Pergolèse.

– un certain nombre de compositions liturgiques sur texte latin : une grande messe (dite *Messe en si*), quatre messes luthériennes (dites aussi « brèves »), quelques parties de messe, ainsi que 2 *Magnificat* ;

– 3 oratorios et 2 passions (sur texte allemand) : oratorios de Noël, de Pâques, de l'Ascension ; passions selon saint Matthieu et selon saint Jean ;

– un vaste ensemble de chorals harmonisés à 4 voix (près de 190[1]) ;

– des chants et arias spirituels (environ 80).

3. Pour mieux apercevoir les solutions adoptées par le compositeur quand il s'agit de mettre un texte en musique, on distinguera successivement :

I. ce qui relève du figuralisme ou peut en être rapproché ;

II. les cas de textes identiques avec des musiques différentes ;

III. les pièces composées sur des textes différents simultanés ;

IV. les parodies.

FIGURALISMES

On a vu qu'on trouvait un grand nombre de figuralismes[2] dans la musique vocale de notre auteur (et par extension dans les chorals pour orgue, où le texte est implicite mais présent dans l'esprit des auditeurs du temps). Les exégètes les ont souvent relevés et commentés, au point qu'il est

1. En dehors de ceux qu'on trouve dans d'autres œuvres.
2. Sur ce mot, voir *supra*, p. 42.

inutile et fastidieux d'en dresser une nouvelle liste : tout le monde ou presque est d'accord pour reconnaître à la fois l'ampleur du phénomène et, la plupart du temps, la qualité du résultat[1]. Si l'on y revient ici, c'est pour attirer l'attention sur quelques particularités qui peuvent échapper à l'auditeur. De plus, à côté de ce qu'on peut appeler la manière « normale », on trouve un certain nombre d'« anomalies » ou d'exceptions, qui invitent à nuancer les enseignements qu'on est tenté de tirer de cette pratique.

1. Pour mémoire, voici d'abord un court rappel de figuralismes « normaux », ceux où le procédé musical imite de façon assez intuitive les mots du texte. Plusieurs exemples ont déjà été relevés[2], et il suffira, pour cette catégorie pléthorique, de quelques cas significatifs.

a) L'opposition du haut et du bas, figurée par celle de l'aigu et du grave, est bien représentée. Le cas particulièrement frappant de BWV 47, 1 (« Celui qui s'élève de lui-même sera abaissé... ») se retrouve en BWV 114, 3 (presque dans les même termes) et dans le *Magnificat*, n° 8 (« Il a déposé les puissants de leur siège, et élevé les humbles »). Les passages qui évoquent la descente dans la tombe (BWV 25, 2), ou les montagnes qui doivent tomber (BWV 168, 2), font tout naturellement appel à ce procédé.

b) Les larmes qui coulent donnent lieu à une image semblable (série de doubles croches descendant vers le grave), p. ex. dans BWV 11, 3 ; BWV 46, 2 ; BWV 135, 2, et *Saint Matth.*, 10, mesures 69 *sq.*

---

1. Qualité parfois mise en question néanmoins (comme on l'a vu p. 43).
2. Page 43.

c) L'idée d'éternité est évoquée plusieurs fois par des notes longuement tenues : en BWV 20 (« *Eternité, parole foudroyante* »), 2, 3, 10 ; BWV 43, 8 ; BWV 162, 2.

d) La démarche chancelante apparaît clairement dans le rythme en BWV 33, 3 (« Comme mes pas sont chancelants et craintifs ») et en BWV 109, 3 (« Comme chancèle mon cœur anxieux »).

e) Notons enfin l'évocation « pittoresque » du bateau ballotté par les vagues, suivi du calme soudain des flots, en BWV 56, 2.

f) Pour finir, on rappellera que le « figuralisme » prend parfois une tournure plus abstraite [1]. On a mentionné déjà l'étonnant cas de BWV 163 (l'empreinte sur la monnaie et sur le cœur) ; voir encore l'opposition de la droite et de la gauche (*Saint Matthieu*, n° 67, ainsi que BWV 96, 5) ; l'usage de la forme fuguée à propos de la rigueur de la loi (*Saint Jean*, n° 38) [2].

2. On peut rapprocher de ces procédés l'usage signifiant de certains instruments, dans la mesure où ils sont liés dans l'esprit des auditeurs à un sens déterminé. C'est le cas par exemple pour la viole de gambe en BWV 106 (instrument associé à la musique funèbre) ; pour le cor de chasse en BWV 88, 1 (« Je vais envoyer beaucoup de chasseurs… »), ou en BWV 208, 2 (« La chasse est le plaisir des dieux ») ; pour la trompette en BWV 20, 8 (avertissement solennel : « Veillez, brebis égarées » ; *cf.* BWV 110, 6 et BWV 70,

---

1. Cf. *supra*, p. 44.
2. A propos de fugue, A. Basso (II, p. 296) signale un exemple plus complexe, et difficile à percevoir pour les non-spécialistes : le chœur initial de BWV 179, où « la fausseté du cœur » a suggéré à Bach une double fugue avec présentation du thème en mouvement direct et mouvement contraire.

1), ou encore en BWV 41, 1 et 6 ; BWV 71, 1 ; BWV 110, 1 ; BWV 120, 2 (louange, jubilation).

3. Ce qu'on a appelé anomalies ou exceptions recouvre d'une part des figuralismes évités, et d'autre part des figuralismes apparemment contraires au sens du texte.

Inutile de s'arrêter sur les premiers : l'usage systématique et quasi mécanique de la figuration chaque fois que les mots s'y prêtent serait sûrement une faute de goût. On ne signale ces absences que pour répondre à ceux qui, justement, trouvent le procédé envahissant. Les cantates et oratorios contiennent – on pourrait dire naturellement – tout un vocabulaire désignant les émotions du croyant (espoir, crainte, joie, douleur, amertume), et un peu moins naturellement des termes renvoyant au monde extérieur (le ciel, la terre, l'eau, certains animaux) ; si Bach se plaît assez souvent à les souligner par la musique (discrètement pourtant, il faut être très attentif pour les repérer tous), ce n'est pas le cas partout. Deux exemples assez nets de cet évitement : BWV 58, 2 (vers la fin du récitatif, on retrouve l'image des montagnes qui tombent, comme ci-dessus, 1. a, mais sans la « descente » prévue) ; et BWV 164, 2 (le récitatif comporte toute une série de termes qu'on s'attend à voir soulignés : soupirs, gémissements, coups portés au cœur, larmes qui coulent, huile versée ; mais il n'en est rien). Voir encore BWV 57, 2 et 6 (alternance de mots pourvus et dépourvus de formule descriptive).

La seconde catégorie intrigue. Dans un nombre non négligeable de cas, on a le sentiment que le compositeur a été inattentif, le figuralisme étant utilisé à contresens (p. ex. une note aiguë sur un mot désignant le bas). Comme il est exclu que Bach ait mal compris le texte puisque les occurrences relevées concernent toutes des cantates en allemand, et qu'on a du mal à croire à une simple négligence, les commentateurs s'interrogent. Dans les cas énumérés ci-après, on peut distinguer ceux où un mot ou un groupe de mots sont figurés par une unité musicale qui les contredit (si l'on se rapporte à leur emploi habituel), et ceux où les termes isolés reçoivent leur habillage attendu mais dans une phrase qui nie la réalité désignée par les mots.

a) Pour la première série, on peut relever :

– BWV 57, 6 : le membre de phrase « Mon cœur est prêt à monter vers toi » sur une ligne mélodique descendante ;

– BWV 88, 6 : le vocable *Überlast*, le « poids excessif » qui pèse sur l'âme, est chanté sur une note aiguë ;

– BWV 94, 3 : l'orgueilleux aspire à « des choses élevées » (*hohen Dingen*), mais le mouvement mélodique se termine sur une chute ;

– BWV 167, 2 : pas de « contresens » ici, mais on remarque une brusque montée sur *hierauf* qui, comme le français *là-dessus*, évoque le haut mais signifie en l'occurrence *après quoi* ;

– BWV 179, 2 : les chrétiens d'aujourd'hui sont des pharisiens, « ils baissent (hypocritement) la tête vers la terre » ; mais la musique monte vers l'aigu ;

– BWV 208, 4 offre, d'après le commentaire d'A. Basso (I, p. 455), un intéressant cas analogue : une musique qui, par un contraste voulu avec un texte insipide, se montre brillante et inventive.

b) Dans la seconde série, les exemples suivants peuvent surprendre :

– BWV 26, 3 (*Die Freude wird zur Traurigkeit*, « La joie se transforme en tristesse ») : la vocalise du début sur *Freude* annonce une joie aussitôt contredite par la suite ;

– BWV 66, 1 : dans la 2ᵉ partie du chœur d'ouverture, les mots *Trauern* (deuil), *Fürchten* (peur), *das ängstliche*

Zagen (le tremblement anxieux) sont soulignés par les moyens habituels (chromatisme) ; mais ils sont introduits par : « Vous pouvez chasser le deuil, etc. »

– BWV 132, 2 : il est encore question des collines et hauteurs, attaquées sur des notes aiguës, alors qu'il s'agit de les aplanir ;

– BWV 138, 4 : « Je rejette mes soucis », dit le texte ; cependant « souci » est abaissé d'un demi-ton, comme souvent sur des états semblables ;

– BWV 155, 1 : « Le vin de la joie fait défaut » ; mais il y a une longue vocalise en triples croches ascendantes sur *Freuden* (joie) comme si l'on devait se réjouir ;

– BWV 166, 4 : comme les eaux de pluie, la joie du monde s'écoule ; on reconnaît pourtant les figuralismes habituels sur « s'écoule » (doubles croches descendantes) et sur « joie » (doubles croches ascendantes), bien qu'en l'occurrence la joie disparaisse.

– Dans ce contexte, signalons enfin un emploi un peu surprenant de la trompette dans l'aria n° 5 de la cantate BWV 77. Le texte exprime à la première personne l'impuissance du croyant : malgré ma volonté de suivre les commandements, je sens que j'en suis incapable. Pourquoi faire dialoguer le croyant avec la trompette ? Cette dernière rappellerait les commandements de Dieu ? Mais à la différence de la *tromba da tirarsi* du chœur initial, qui énonce en valeurs longues le choral des Dix commandements, la *tromba* est ici moins impérative ou solennelle que plaintive, avec des passages de virtuosité assez délicats.

Comparées à la quantité de figuralismes « normaux », ces anomalies ne sont pas très nombreuses, elles invitent cependant à s'interroger sur l'expression musicale, avant d'aborder le cas tout aussi dérangeant des parodies. Dans l'examen des moyens que les musiciens mettent en œuvre pour « représenter » des contenus extra-musicaux, on a fait remarquer le caractère incertain de la plupart de ces moyens, notamment des analogies. Les exemples qui viennent d'être rapportés illustrent cette incertitude, mais on peut tenter une autre explication.

Certains exégètes font remarquer que les analogies apparemment anormales relèvent en réalité d'une manière plus subtile de communiquer un sens. Dans la 2e série de nos exemples, en effet, on peut déceler une volonté de souligner ce dont il y a perte ou absence, lesquelles seront par suite plus vivement perçues. Ce serait le cas pour BWV 138, 4 (le rejet des soucis) ou pour BWV 166, 4 (la joie perdue). Ce raisonnement s'appliquerait même à la 1re série : en BWV 94, 3, on peut ainsi lire l'illusion de l'orgueil qui aspire aux hauteurs ; en BWV 179, 2, plus nettement encore, c'est l'hypocrisie de l'apparente humilité. En BWV 57, 6, ce serait plutôt la contrainte musicale qui, dans un récitatif, impose une retombée à la fin de la phrase. – Dans le même esprit, A. Basso note que, par « une antithèse déconcertante », les quatre arias de BWV 94 (n° 2, 4, 6, 7) qui expriment toutes le refus des vanités du monde sont nettement marquées, du point de vue de la musique, par ces mondanités qu'il faut réprouver [1].

D'une manière plus générale, le fait qu'un compositeur prenne des libertés avec certains moyens de son art (qui risqueraient d'apparaître comme des recettes stéréotypées) peut s'interpréter comme une manière de faire remarquer que l'expression musicale ne se limite pas à l'imitation naïve, que d'autres facteurs contribuent tout autant à la réussite globale, donc que l'auditeur ne doit pas se borner à épier les indices d'un contenu extra-musical.

---

1. A. Basso, II, p. 349.

LES TEXTES IDENTIQUES
AVEC DES MUSIQUES DIFFÉRENTES

Quand il était question de l'adéquation de la musique à un texte, on a rappelé un fait que personne n'ignore (mais qu'on oublie), à savoir qu'il est faux que des paroles données imposent un type déterminé d'expression musicale, qu'il s'agisse de figuralismes, de rythmes, de tonalités, d'instrumentation ou de leurs diverses combinaisons. Aux exemples rapportés ci-dessus[1], on peut ajouter les cas suivants pour enrichir le débat.

1. Parmi les cantates, on trouve à six reprises deux[2] cantates ayant un même intitulé et un même texte initial (parfois avec un texte additionnel), mais dans une réalisation musicale différente.

– *Ach Gott, wie manches Herzeleid* (« *Ah Dieu! quelle affliction* »)

    BWV 3 : choral par un chœur à 4 voix ; 2 hautbois, trombone, cordes, continuo.

    BWV 58 : duo S (choral) – B (aria sur texte additionnel) ; 3 hautbois, cordes, continuo.

– *Nun komm, der Heiden Heiland* (« *Viens maintenant, sauveur des païens* »)

    BWV 61 et 62 : dans les deux, même choral par un chœur à 4 voix, mais dans deux constructions musicales assez différentes (avec cordes et continuo dans la première ; 2 hautbois, cordes, continuo dans la seconde)

– *O Ewigkeit, du Donnerwort* (« *O éternité, parole foudroyante* »)

---

1. Cf. *supra*, p. 117.
2. Trois dans un cas, voir plus bas BWV 98-100. En outre, le texte initial est presque identique pour BWV 69 et BWV 143 ; BWV 34 et BWV 34a. – Dans la suite, les majuscules SATB désignent les voix de soprano, alto, ténor et basse.

BWV 20 : choral par un grand chœur solennel à 4 voix ;
tromba, 3 hautbois, cordes, continuo ;

BWV 60 : duo A (choral) – T (aria sur texte additionnel) ;
cor, hautbois, cordes, continuo.

– *Sie werden euch in den Bann tun* (« *Ils vous banniront* »)

BWV 44 : duo T-B, puis chœur à 4 voix ; 2 hautbois,
cordes, continuo ;

BWV 183 : récitatif de B ; 4 hautbois, continuo.

– *Was Gott tut, das ist wohlgetan* (« *Ce que Dieu fait est
bien fait* »)

BWV 98 : choral simple par un chœur à 4 voix ;
3 hautbois, cordes, continuo ;

BWV 99 et 100 : choral par un chœur à 4 voix plus
développé, et identique dans les deux ; en plus des
cordes et continuo on a, en BWV 99, flûte,
1 hautbois, et en BWV 100, 2 cors, timbale, flûte,
hautbois.

– *Wer mich liebet, der wird mein Wort halten* (« *Celui qui
m'aime gardera ma parole* »)

BWV 59 : duo S-B ; 2 *trombe*, timbale, cordes, continuo ;

BWV 74 : chœur à 4 voix, amplification du duo initial
de BWV 59 ; 3 *trombe*, timbale, hautbois, cordes,
continuo.

2. Les messes offrent pareillement plusieurs exemples
de traitement différent pour un même texte – comme c'est
le cas, on l'a dit, pour bien d'autres compositeurs, de l'école
franco-flamande à Mozart, Haydn ou Schubert. On remarque
que tous ces musiciens, Bach compris, ne se contentent
pas d'adopter à chaque fois des solutions originales pour
les mêmes textes canoniques, mais qu'il leur arrive aussi
de découper ces textes de diverses manières (les versets
du *Gloria* ou du *Credo*, par exemple, ne sont pas toujours
regroupés de la même manière).

3. L'harmonisation des chorals, à son tour, présente des variations qu'il serait intéressant d'étudier en détail. Il y a bien des manières d'être fidèle à un texte, on le vérifie facilement en comparant les nombreuses versions que Bach a laissées de certains chorals, en ne retenant que les plus célèbres. Que l'on songe aux diverses harmonisations du fameux *O Haupt voll Blut und Wunden* (« O tête tout ensanglantée et meurtrie ») qui figurent dans la *Passion selon saint Matthieu* et dans l'*Oratorio de Noël*. Dans les recueils de chorals à 4 voix, certains titres reviennent 3 fois, sans parler de leur utilisation dans les cantates. La manière dont l'auteur traite ces mêmes chorals à l'orgue invite à d'autres comparaisons passionnantes : voir les 9 versions de *Allein Gott in der Höh'* (« A Dieu seul gloire dans les cieux »), ou les 5 de *Vater unser* (« Notre Père ») ; et comment ne pas relever les 5 élaborations différentes du fameux *Nun komm, der Heiden Heiland* (« Viens maintenant, sauveur des païens ») qui a donné lieu à autant de chefs-d'œuvre ?

Dans la catégorie des arias pour une voix, on peut relever les trois versions de *Gib dich zufrieden und sei stille*, « Déclare-toi satisfait et garde le silence » (BWV 460, 511 et 512), dont la première est assez différente des deux autres.

4. Pour en finir sur ce sujet, on se souvient que Bach a introduit une phrase de l'*Evangile* de Matthieu dans sa *Passion selon saint Jean*, les larmes de Pierre après son reniement (« Il sortit et pleura amèrement ») ; il la déploie longuement sur 6 mesures tourmentées, pleines de chromatismes (n° 18). Cette phrase se retrouve évidemment dans la *Passion selon saint Matthieu*, mais elle occupe 2 mesures beaucoup plus sobres (n °46) – peut-être pour mieux mettre en évidence l'extraordinaire aria pour alto qui suit.

LES TEXTES DIFFÉRENTS SIMULTANÉS [1]

Une des originalités de la musique est la possibilité de faire entendre en même temps des paroles différentes [2]. Comparés à certains motets médiévaux et aux *ensembles* d'opéra, les cas qu'on peut trouver chez Bach sont beaucoup moins spectaculaires. Ils doivent cependant être relevés parce qu'ils permettent d'étudier sur des exemples simples, si l'on ose dire, d'une part la manière dont le musicien s'y prend pour « rendre » des sens différents, voire contradictoires, et d'autre part le phénomène de la perception de cette pluralité par l'auditeur.

– BWV 5, 4 : consolation dans le texte chanté (*Mein treuer Heiland tröstet mich*, « Mon fidèle sauveur me console »), angoisse du salut dans le choral au hautbois (*Wo soll ich fliehen hin?* « Où m'enfuir? »). Se complètent mais simultanés.

– BWV 19, 5 : le ténor demande l'assistance des anges, la trompette (choral *Herzlich lieb' hab ich dich*) celle de Jésus.

– BWV 21, 8 : duo soprano (l'âme : « Je suis perdue, tu me hais ») et basse (Jésus : « Je viens te sauver »).

– BWV 21, 9, 1 re strophe : deux textes, même thématique que dans le n° 8 : trois voix du chœur (SAB) disent la satisfaction du salut ; le choral (T) exprime l'accablement et demande d'où viendra le salut.

(la 2 e strophe du choral au contraire, avec un appareil instrumental différent, est en accord avec le texte du chœur, le même que pour la 1 re strophe).

---

1. Textes au sens propre ou mélodie de choral jouée par un ou des instruments, dans le cas où les paroles implicites diffèrent du texte principal.
2. Cf. *supra*, p. 54.

– BWV 58, 1 : 2 textes simultanés : le soprano exprime la peine de l'âme (choral *Ach Gott, wie manches Herzeleid*, « Ah Dieu ! quelle affliction »), la basse promet la joie après la douleur.

– BWV 60, 1 : simultanément le choral (*O Ewigkeit, du Donnerwort*, « Eternité, parole foudroyante ») chanté par l'Effroi (A), et une aria (*Herr, ich warte auf dein Heil*, « Seigneur, j'attends ton salut ») chantée par l'Espérance (T).

– BWV 60, 3 : le dialogue Effroi-Espérance se poursuit, les deux voix tantôt alternées et tantôt chantant en même temps.

– BWV 80, 2 : simultanément une aria (B) qui chante la victoire des fidèles du Christ, et la 2 e strophe du choral *Ein feste Burg* (S), qui déplore la faiblesse de l'homme (*Mit unsrer Macht ist nichts getan*, « Notre pouvoir n'est rien ») ; mais en avançant, les deux se rejoignent (avec le Christ la victoire est assurée).

– BWV 101, 6 : cas remarquable (de toute façon exceptionnel musicalement) mais plus complexe. Il s'agit d'une aria S-A, avec 2 instruments solistes (flûte, hautbois de chasse) et basse continue. Le texte est le même pour les deux voix : il demande au Père divin de se souvenir de l'amère mort de Jésus et d'avoir pitié des hommes. Mais le choral *Vater unser* (paraphrase du « Notre Père », assez éloignée du texte chanté, en dehors de l'adresse initiale au Père) est clairement reconnaissable dans les différentes parties musicales, ce qui crée une sorte de contrepoint sémantique avec l'aria, quelle que soit la strophe du *Vater unser* (9 en tout) qui vient à l'esprit du croyant.

– BWV 109, 6 : le choral chanté par le chœur (7 e strophe de *Durch Adams Fall*) exprime l'assurance du croyant (*Wer hofft in Gott...*), mais l'appareil instrumental évoque plutôt la faute (selon G. Cantagrel, dans E. Lemaître (dir.), *Guide de la musique sacrée*, Paris, Fayard, 1992, p. 78).

– BWV 152, 6 : duetto S-B, mélodies parallèles ; textes différents mais qui se répondent dans un dialogue entre l'âme et Jésus.

– Dans l'*Oratorio de Noël* on peut relever que la mélodie du célèbre choral *O Haupt voll Blut und Wunden* (« O tête tout ensanglantée et meurtrie ») est utilisée sur des textes différents, tous deux assez éloignés du sens du choral, dans les numéros 5 (I, 5 : comment accueillir Jésus que le monde attend ?) et 64 (VI, 11 : les fidèles sont vengés grâce au Christ) ; la réalisation musicale, toutefois, est très différente : choral harmonisé simple, puis inséré dans un brillant morceau concertant avec notamment 3 trompettes.

LES PARODIES

On appelle parodie le réemploi d'une œuvre pour une nouvelle composition. Les historiens de la musique en distinguent plusieurs types, selon la nature de l'œuvre originale et la manière dont l'adaptation est réalisée. Dans le cas qui nous intéresse, il s'agit de l'adaptation du matériau musical d'une œuvre vocale à un texte nouveau. L'adaptation peut s'appliquer à l'ensemble d'une composition à plusieurs numéros, ou à une partie seulement de celle-ci ; parfois la réutilisation est musicalement identique à l'original, mais elle s'accompagne souvent de quelques modifications : changement de tonalité, de voix, d'instrument ; la mélodie elle-même peut subir de légères altérations pour s'adapter au nouveau texte. Mais dans la quasi-totalité des cas, l'original est aisément reconnaissable.

Lorsqu'on s'intéresse au rapport entre parole et musique, les parodies offrent à l'évidence une matière privilégiée : comment est-il possible d'adapter sans dommage à un nouveau texte une musique conçue pour un texte différent ? La situation est d'autant plus favorable avec Bach que son œuvre renferme un grand nombre de parodies. En ne prenant en compte que celles où on a affaire à deux textes différents explicites [1], trois cas de réutilisation peuvent être distingués : 1. réutilisation d'une cantate sacrée [2] pour une autre œuvre sacrée ; 2. d'une cantate profane pour une cantate profane ; 3. d'une cantate profane pour une œuvre sacrée.

1. Le premier groupe est celui qui suscite le moins d'interrogations : CONTENU RELIGIEUX DANS LES DEUX CAS, significations proches la plupart du temps.

a) Pour les cantates, le tableau est le suivant :

Original	Parodie
BWV 34a (*O ewiges Feuer, o Ursprung der Liebe*, « O feu éternel, origine de l'amour ») ; cantate nuptiale	BWV 34 (même *incipit*) ; cantate pour la Pentecôte
BWV 120 (*Gott, man lobet dich in der Stille*, « Dieu, on te loue dans le silence »), déjà parodie partielle d'une cantate perdue ; installation du Conseil communal.	BWV 120a (*Herr Gott, Beherrscher aller Dinge*, « Seigneur Dieu, souverain de toutes choses ») ; cantate nuptiale.
Messe en si : n° 4 (« Gloria. Et in terra »), 7 (« Domine Deus ») et 11 (« Cum sancto spiritu »)	BWV 191 (*Gloria in excelsis Deo*) : reprise des 3 numéros de la Messe ; même texte pour le 1er ; différent mais proche pour le 2e (« Gloria Patri ») et le 3e (« Sicut erat »)
BWV 197a (*Ehre sei Gott in der Höhe*, « Gloire à Dieu dans les cieux ») ; occasion indéterminée, peut-être Noël	BWV 197 (*Gott ist unsre Zuversicht*, « Dieu est notre ferme espoir ») ; cantate nuptiale. Reprise partielle (2 airs)

1. Il existe aussi des réutilisations d'œuvres instrumentales dans les cantates.
2. Sauf pour le 3e exemple ; mais il s'agit toujours d'œuvres sacrées.

b) La *Messe en si* contient 9 réutilisations identifiées de cantates (d'autres réutilisations sont probables) :

Messe (parodie)	Cantates (original)
n° 6 (chœur *Gratias agimus*)	BWV 29, 2 (chœur *Wir danken dir, Gott*, « Dieu, nous te rendons grâce »)
n° 8 (chœur *Qui tollis*)	BWV 46, 1 (chœur *Schauet doch und sehet...*, « Regardez donc et voyez s'il est une douleur comparable à la mienne »)
n° 13 (chœur *Credo. Patrem omnipotentem*)	BWV 171, 1 (chœur *Gott, wie dein Name...*, « Comme ton nom, ô Dieu, ta gloire s'étend au monde entier »)
n° 14 (duo S-A *Et in unum Dominum*)	BWV 213, 11 (duo A-T *Ich bin deine*, « Je suis à toi, tu es à moi »)[1]
n° 16 (chœur *Crucifixus*)	BWV 12, 2 (chœur *Weinen, Klagen, Sorgen, Zagen*, « Pleurer, se lamenter, se tourmenter, trembler »)
n° 20 (chœur *Et expecto*)	BWV 120, 2 (chœur *Jauchzet, ihr erfreuten Stimmen*, « Exultez, voix réjouies »)
n° 22 (double chœur *Osanna*)	BWV 215, 1 (chœur *Preise dein Glücke, gesegnetes Sachsen*, « Félicite-toi de ton bonheur, bienheureuse Saxe »)[2]
n° 24 (aria alto *Agnus Dei*)	BWV 11, 4 (aria alto *Ach, bleibe doch, mein liebstes Leben*, « Ah, demeure donc, ma très chère vie »)
n° 25 (chœur *Dona nobis pacem*)	BWV 29, 2 (comme ci-dessus)

1. L'emprunt (signalé par Basso et Cantagrel) est pourtant moins manifeste (*cf.* au contraire *Oratorio de Noël* n° 29, voir plus loin). Ce cas ferait exception ici, puisque BWV 213 est une cantate profane.

2. Ce n° 22 semble de nouveau faire exception, l'original étant une cantate profane ; mais l'origine de cette dernière (BWV 215) n'est pas tout à fait assurée.

Dans pratiquement tous les cas, il y a une parenté évidente dans le sens des textes (par exemple n° 6 : action de grâce, dans les mêmes termes), ce qui dispense de commentaire.

c) Les Messes luthériennes : sur 24 numéros, 19 au moins sont empruntés à des cantates sacrées connues.

Messe (parodie)	Cantates (original)
Messe en fa M BWV 233	
n° 4 (*Qui tollis*)	BWV 102, 3 (*Weh der Seele…*, « Malheur à l'âme qui ne reconnaît plus le dommage »)
n° 5 (*Quoniam*)	BWV 102, 5 (*Erschrecke doch…*, « Sois donc saisie d'épouvante, ô âme trop sûre ! »)
n° 6 (*Cum sancto spiritu*)	BWV 40, 1 (*Dazu ist erschienen*, « C'est pour cela que le Fils de Dieu est apparu, pour détruire les œuvres du diable »)
Messe en la M BWV 234	
n° 2 (*Gloria*)	BWV 67, 6 (*Friede sei mit euch*, « La paix soit avec vous »)
n° 4 (*Qui tollis… miserere*)	BWV 179, 5 (*Liebster Gott, erbarm dich*, « Dieu bien-aimé, aie pitié de moi »)
n° 5 (*Quoniam*)	BWV 79, 2 (*Gott ist unser Sonn und Schild*, « Dieu est notre soleil et notre bouclier »)
n° 6 (*Cum sancto spiritu*)	BWV 136, 1 (*Erforsche mich, Gott*, « Sonde-moi, ô Dieu, et connais mon cœur »)
Messe en sol M BWV 235	
n° 1 (*Kyrie*)	BWV 102, 1 (*Herr, deine Augen…*, « Seigneur, tes yeux veulent découvrir la foi »)
n° 2 (*Gloria*)	BWV 72, 1 (*Alles nur nach Gottes Willen*, « Tout arrive uniquement selon la volonté de Dieu »)

n° 3 (*Gratias agimus*)	BWV 187, 4 (*Darum sollt ihr nicht sagen*, « Ne vous inquiétez donc pas en disant : qu'allons-nous manger ? »)
n° 4 (*Domine fili*)	BWV 187, 3 (*Du Herr, du krönst allein*, « Toi Seigneur, toi seul couronnes l'année avec ton bien »)
n° 5 (*Qui tollis*)	BWV 187, 5 (*Gott versorget alles Leben*, « Dieu assure l'existence de toute vie »)
n° 6 (*Cum sancto spiritu*)	BWV 187, 1 (*Es wartet alles auf dich*, « Tous attendent de toi que tu leur donnes à manger »)
Messe en sol M BWV 236	
n° 1 (*Kyrie*)	BWV 179, 1 (*Siehe zu, daß deine Gottesfurcht*, « Veille à ce que ta crainte de Dieu ne soit pas hypocrisie »)
n° 2 (*Gloria*)	BWV 79, 1 (*Gott der Herr ist Sonn und Schild*, « Le Seigneur Dieu est soleil et bouclier »)
n° 3 (*Gratias agimus*)	BWV 138, 5 (*Auf Gott stehet meine Zuversicht*, « Sur Dieu repose mon ferme espoir »)
n° 4 (*Domine Deus*)	BWV 79, 5 (*Gott, ach Gott...*, « Dieu, ah Dieu, n'abandonne jamais les tiens »)
n° 5 (*Quoniam*)	BWV 179, 3 (*Falscher Heuchler Ebenbild*, « L'image du trompeur hypocrite »)
n° 6 (*Cum sancto spiritu*)	BWV 17, 1 (*Wer Dank opfert*, « Qui offre l'action de grâces me rend gloire »)

La comparaison de la parodie avec l'original montre quelques parentés évidentes : par exemple pour BWV 234, 2 et 4. Pour d'autres pièces, où le rapport entre les deux est moins perceptible, les commentateurs parviennent néanmoins à trouver des similitudes, en forçant quelque peu l'interprétation : BWV 233, 4 (l'âme pécheresse) ou BWV 236, 3 (action de grâces). D'autres enfin paraissent totalement sans rapport : par exemple BWV 234, 6 ; BWV 235, 5[1] ; BWV 236, 4 ; BWV 236, 5.

d) Le motet *Tilge, Höchster, meine Sünden* (« Efface, ô Très Haut, mes péchés ») peut être rattaché à ce premier groupe, puisqu'il s'agit pareillement d'un passage d'une œuvre sacrée à une œuvre sacrée. Mais l'original, cette fois, est le fameux *Stabat Mater* de Pergolèse. On sait que le *Stabat* est d'abord une séquence attribuée à Jacopone da Todi (fin XIIIe siècle), composée de 20 strophes de 3 vers. Comme il arrive souvent, Pergolèse a conservé tout le texte mais en regroupant plusieurs strophes, de sorte que sa composition ne comporte que 12 numéros. La parodie de Bach utilise un texte allemand, lui aussi en 20 strophes de 3 vers, mais qui est une paraphrase du psaume 50 (*Miserere*, 20 versets encore !). Bach reprend tout le texte allemand, mais – comme Pergolèse – en réunissant plusieurs strophes, pour aboutir au même découpage musical que celui du modèle, c'est-à-dire à 12 numéros (seule différence : l'interversion des deux derniers).

Les textes des deux œuvres (celle de Pergolèse et celle de Bach) ont sans doute en commun une certaine idée générale : demande de pardon et espoir de salut. En effet, la séquence médiévale est une méditation sur la douleur de la Vierge Marie au pied de la croix de son fils Jésus, suivie d'une demande d'intercession pour le salut du

1. Même Carl de Nys, si habile à traquer les ressemblances, s'avoue désarmé ici (Commentaire de l'enregistrement des Messes par Erato, 1974). Le même estime par ailleurs que, dans ce genre de réutilisations, la 2e version est la plus réussie musicalement ; ce qui serait donc le cas pour les Messes luthériennes.

croyant ; le *Miserere* (et par suite le motet *Tilge, Höchster*), une intense supplication à Dieu pour obtenir le pardon des péchés. Mais avec des différences manifestes dans le détail ; par exemple :

– les 8 premiers numéros du *Stabat* (= 1-6 de la musique) décrivent simplement la douleur de la Vierge, les numéros correspondants du *Miserere* se réduisent à une longue contrition et demande de pardon ;

– dans le n° 14 du *Stabat* (= musique n° 9), le fidèle sympathise avec la douleur de la Vierge ; dans le *Miserere*, le croyant se promet d'enseigner aux pécheurs le repentir ;

– le n° 16 du *Stabat* (= musique n° 10) dit : « Fais que je porte en moi la mort du Christ… » ; le *Miserere* : « Ouvre mes lèvres…, que je chante ta gloire. »

e) Sur le cas particulier de la *Passion selon saint Marc* (BWV 247), voir A. Basso, II, p. 548. Seul subsiste le texte, et il est admis que plusieurs morceaux (chœurs et arias) sont des parodies de pièces antérieures. Diverses reconstitutions en ont été proposées, mais comme on ignore la nature exacte des adaptations et éventuels remaniements que le compositeur a réalisés, on ne peut se prononcer sur eux.

2. Le passage d'une CANTATE PROFANE À UNE AUTRE CANTATE PROFANE se comprend d'autant mieux que les circonstances de composition ou le caractère festif du contenu sont proches (on passe facilement des vents déchaînés aux ennemis menaçants, d'un mariage à un anniversaire). On n'en connaît pourtant que trois exemples bien identifiés, plus quelques éléments isolés.

Original	Parodie
BWV 205, « Eole apaisé » (*Zerreisset, zersprenget, zertrümert die Gruft*, « Brisez, rompez, fracassez la caverne ») ; pour un professeur de l'Université	BWV 205a (*Blast Lärmen, ihr Feinde…*, « Sonnez bruyamment, ennemis, redoublez de puissance ») ; pour le couronnement d'Auguste III de Pologne
BWV 207 (*Vereinigte Zwietracht der wechselnden Saiten*, « Réconciliation des cordes alternées ») ; pour un professeur de l'Université	BWV 207a (*Auf, schmetternde Töne*, « Retentissez, sons éclatants des trompettes ») ; pour la fête d'Auguste III
BWV 210 (*O holder Tag*, « O jour favorable, temps désiré ») ; pour un mariage	BWV 210a (*O angenehme Melodei*, « O agréable mélodie ») ; pour l'anniversaire du comte Flemming [1]
BWV 216 (*Vergnügte Pleißenstadt*, « Heureuse cité de la Pleisse ») ; pour les noces d'un commerçant	BWV 216a (*Erwählte Pleißenstadt*, « Cité élue de la Pleisse ») ; pour une fête municipale [2]

Rappelons enfin [3] l'exemple isolé de l'aria de basse de BWV 201, 7 (1729 ; Pan rivalisant avec Apollon) qu'on retrouve littéralement mais avec d'autres paroles dans BWV 212, 20 (1742 ; le paysan s'efforçant d'améliorer sa précédente prestation).

1. Le rapport original-parodie est ici plus compliqué. La cantate a connu 5 exécutions, et BWV 210 serait en fait la dernière. BWV 210a aurait connu 3 exécutions, pour différentes personnalités, dont le comte Flemming.

2. BWV 216 et 216a sont en grande partie perdues. Les n°3 et 7 de BWV 216 sont en outre des parodies, respectivement de BWV 204, 8 et de BWV 205, 13.

3. Cf. *supra*, p. 60, note 1.

172 ANNEXE

3. La réutilisation d'une CANTATE PROFANE POUR UNE
ŒUVRE SACRÉE pourrait surprendre davantage, c'est pourtant
le cas le mieux représenté, et il offre quelques exemples
remarquables (à tout point de vue), propres, en toute
hypothèse, à susciter le débat[1].

a) Les cantates

Original	Parodie
BWV 30a (*Angenehmes Wiederau*, « Agréable Wiederau, réjouis-toi ») ; installation d'un noble sur ses terres	BWV 30 (*Freue dich, erlöste Schar*, « Réjouis-toi, légion rachetée ») ; fête de saint Jean-Baptiste
BWV 36a, b, c[2] ; anniversaires de diverses personnalités	BWV 36 (*Schwingt freudig euch empor*, « Elevez-vous avec allégresse vers les astres sublimes ») ; premier dimanche de l'Avent
BWV 134a (*Die Zeit, die Tag und Jahre macht*, « Le temps qui fait le jour et l'année ») ; vœux de nouvel an au prince Léopold	BWV 134 (*Ein Herz, das seinen Jesum lebend weiß*, « Un cœur qui sait que son Jésus est vivant ») ; mardi de Pâques
BWV 173a (*Durchlauchtster Leopold*, « Son altesse sérénissime Léopold ») ; anniversaire du prince	BWV 173 (*Erhötes Fleisch und Blut*, « Chair et sang magnifiés ») ; pour le lundi de Pentecôte
BWV 184a (texte perdu) ; nouvel an, pour la maison princière (?)	BWV 184 (*Erwünschtes Freudenlicht*, « Lumière de joie désirée[3] ») ; mardi de Pentecôte

1. Sur le problème du sacré et du profane qui suscite toujours beaucoup de discussions, voir la brève mise au point d'A. Basso, II, p. 270 *sq.*
2. On en connaît 3 versions profanes, et 2 de la cantate sacrée BWV 36 ; par suite, le rapport original-parodie est plus délicat à établir.
3. Le dernier chœur de BWV 184 (gratitude envers le Sauveur) est parodié dans la cantate profane BWV 213 dite du « Choix d'Hercule », dernier chœur (éloge du prince Christian Friedrich). D'après leurs dates respectives (1724 et 1733), ce serait un cas exceptionnel de passage du sacré au profane. Mais BWV 184 étant déjà une parodie, il peut y avoir une source commune.

BWV 193a (*Ihr Häuser des Himmels*, « Vous demeures célestes ») ; pour la fête d'Auguste II	BWV 193 (*Ihr Tore zu Zion*, « Vous, portes de Sion ») ; renouvellement du Conseil municipal
BWV 194a (texte perdu) ; vœux pour la maison princière	BWV 194 (*Höchsterwünschtes Freudenfest*, « Fête de joie ardemment désirée ») ; dédicace d'une église
Parodies d'airs isolés	
BWV 205 (« Eole apaisé », comme ci-dessus p. 169) n° 9 (*Angenehmer Zephyrus*, « Charmant Zéphyr »)	BWV 171 (*Gott, wie dein Name*, « Comme ton nom, ô Dieu ») ; pour le nouvel an n° 4 (*Jesus soll mein erstes Wort*, « Jésus doit être mon premier mot... »)
BWV 208 (*Was mir behagt*, « Ce qui me réjouit, c'est uniquement de chasser dans la bonne humeur ») ; pour l'anniversaire du duc n° 7 (aria de Pan : *Ein Fürst ist seines Landes Pan*, « Un prince est le Pan de son pays ») n° 13 (*Weil die wollenreichen Herden*, « Puisque les troupeaux riches en laine... »)	BWV 68 (*Also hat Gott die Welt geliebt*, « Dieu a tant aimé le monde ») ; lundi de Pâques n° 4 (*Du bist geboren mir zugute*, « Tu [Jésus] es né pour mon bien ») n° 2 (*Mein gläubiges Herze*, « Mon cœur fidèle »)
BWV 208 (*Was mir behagt*) n° 15 (*Ihr lieblichsten Blicke*, « Ô vous, si charmants regards... »)	BWV 149 (*Man singet mit Freuden vom Sieg*, « Chants de joie pour la victoire ») ; pour la saint Jean-Baptiste n° 1 (*Man singet...*)

Les limites de cette Annexe ne permettent pas d'entrer dans le détail des numéros de chaque cantate, bien que la comparaison soit souvent très intéressante. Voici seulement quelques exemples de différence entre le texte (ou l'intention) de l'original et celui de la parodie :

– BWV 30a, n° 7 : « Je veux te *retenir* » [le Destin s'adressant au personnage honoré] ; BWV 30, n° 8 : « Je veux haïr et *abandonner* ce qui te répugne, mon Dieu. »

– BWV 36c, n° 7 et BWV 36, n° 7 ont le même *incipit* (« On peut aussi honorer d'une voix aux accents doux et voilés… »), mais on honore un professeur dans le premier cas, et dans le second la majesté divine.

– BWV 173a, n° 1 et BWV 173, n° 1 présentent un cas plus rare : car il s'agit ici non d'une aria mais d'un récitatif, qui épouse le détail du texte de beaucoup plus près ; or sans être parfaitement identiques, les deux mises en musique sont très proches et pourtant bien « adaptées » aux textes. Même reprise pour les récitatifs n° 5, mais cette fois les textes sont identiques sauf au début (*Durchlauchtigster, den Anhalt Vater nennt*, « Sérénissime, que l'Anhalt appelle père » [c'est-à-dire le prince] – *Unendlichster, den man doch Vater nennt*, « Sublime infinité, que pourtant on appelle père » [Dieu en l'occurrence]).

– BWV 205, n° 9, Pallas cherchant à apaiser Eole : « Charmant Zéphyr, ton baiser riche en musc et ta paix à l'affût devraient jouer sur mes hauteurs » ; BWV 171, n° 4 : « Jésus doit être mon premier mot dans la nouvelle année ».

– BWV 208, n° 7 : le duc est à son pays ce que l'âme est au corps ; BWV 68, n° 4 : le bien que Jésus procure au croyant.

– BWV 208, n° 13, aria de Palès : « Puisque les troupeaux laineux se répandent joyeusement…, que vive le héros de la Saxe ! » ; BWV 68, n° 2 : « Mon cœur fidèle, réjouis-toi, chante…, car Jésus est là ! »

b) L'*Oratorio de Noël*, reconnu comme une des plus belles créations de son auteur, contient un grand nombre de parodies ; 11 au moins sont identifiées avec certitude, toutes empruntées à 3 cantates profanes :

BWV 213, « Hercule à la croisée des chemins » (*Laßt uns sorgen ...*, « Penchons-nous, veillons sur notre fils des dieux ») ; anniversaire du Prince électeur ;

BWV 214 (*Tönet, ihr Pauken ...*, « Résonnez, timbales ! Retentissez, trompettes ») ; anniversaire de la reine de Pologne ;

BWV 215 (*Preise dein Glücke, gesegnetes Sachsen*, « Loue ton bonheur, Saxe bénie ») ; anniversaire de l'élection d'Auguste III.

Oratorio de Noël	Cantates
n° 1, chœur : *Jauchzet, frohlocket* « Exultez, bondissez de joie, jubilez »)	BWV 214, 1, chœur *Tönet* (comme ci-dessus)
n° 4, aria A : *Bereite dich, Zion, mit zärtlichen Trieben*, « Prépare-toi, Sion, à recevoir avec tendresse... [le Sauveur] »	BWV 213, 9, aria A : *Ich will dich nicht hören*, « Je ne veux pas t'écouter, je ne veux pas te connaître » [Hercule s'adressant à la Volupté]
n° 8, aria B : *Grosser Herr und starker König*, « Grand Seigneur et puissant roi ») [mais humble dans la crèche]	BWV 214, 7, aria B : *Kron' und Preis gekrönter Damen*, « Couronne et gloire des dames couronnées » [éloge de la reine par la Renommée]
n° 15, aria T : *Frohe Hirten, eilt, ach eilet*, « Empressez-vous, joyeux, bergers » [de courir à la crèche]	BWV 214, 5, aria A : *Fromme Musen ! Meine Glieder !* « Pieuses muses, mes suivantes » [Pallas réclamant des chants nouveaux]
n° 19, aria A : *Schlafe, mein Liebster*, « Dors, cher enfant, jouis de ton sommeil » [berceuse pour l'enfant Jésus]	BWV 213, 3, aria S : *Schlafe, mein Liebster*, « Dors, mon bien aimé, cultive l'oisiveté » [la Volupté cherchant à séduire Hercule]

n° 24, chœur : *Herrscher des Himmels, erhöre das Lallen*, « Souverain des cieux, écoute nos chants balbutiants »	BWV 214, 9, chœur : *Blühet, ihr Linden in Sachsen, wie Zedern !* « Fleurissez, tilleuls de Saxe, comme des cèdres »
n° 29, aria S-B : *Herr, dein Mitleid*, « Seigneur, ta compassion, ta pitié nous consolent et nous libèrent »	BWV 213, 11, aria A-T : *Ich bin deine, du bist meine*, « Je suis à toi, tu es à moi » [la Vertu et Hercule après son choix]
n° 36, chœur : *Fallt mit Danken*, « Prosternez-vous avec gratitude »	BWV 213, 1, chœur *Laßt uns sorgen* (comme ci-dessus)
n° 39, aria S (avec écho) : *Flößt mein Heiland, flößt dein Namen*, « Mon Sauveur, ton nom pourrait-il inspirer [la moindre épouvante] ? »	BWV 213, 5, aria A (avec écho) : *Treues Echo dieser Orten*, « Fidèle écho de ces lieux » [Hercule demandant conseil pour choisir entre la Vertu et la Volupté]
n° 41, aria T : *Ich will nur dir zu Ehren leben*, « Je ne veux vivre que pour t'honorer »	BWV 213, 7, aria T : *Auf meinen Flügeln sollst du schweben*, « Sur mes ailes tu planeras » [la Vertu cherchant à convaincre Hercule]
n° 47, aria B : *Erleuchte auch meine finstre Sinnen*, « Eclaire aussi mes sens enténébrés, éclaire mon cœur »	BWV 215, 7, aria S : *Durch die von Eifer entflammeten Waffen*, « Punir l'ennemi par le feu ardent des armes [apporte moins de gloire que de répondre à la méchanceté par la bonté] » (louange d'Auguste III)

On constate que quelques numéros ont des textes comparables pour ce qui est de l'atmosphère générale (n° 1, 24). Mais on ne peut nier qu'il existe un écart sensible entre les paroles profanes et sacrées pour les n° 8, 15, 36 et 39 de l'*Oratorio*. Quant aux numéros 4, 19 et 47, la distance entre les deux frise la contradiction (particulièrement pour le n° 4).

c) L'*Oratorio de Pâques* utilise lui aussi des airs d'une cantate profane, la BWV 249a, *Entfliehet, verschwindet, entweichet, ihr Sorgen*, « Sauvez-vous, soucis, disparaissez, fuyez » ; anniversaire du duc Christian de Saxe-Weissenfels[1].

Oratorio de Pâques	Cantate BWV 249a
n° 3, aria T-B : *Kommt, eilet und laufet*, « Venez, hâtez-vous, pressez-vous » [Pierre et Jean accourant au tombeau]	n° 3, aria T-B, S-A : *Entfliehet, verschwindet, entweichet* (comme ci-dessus)
n° 5, *Seele, deine Spezereien*, « Mon âme, ce n'est plus de myrrhe dont tu as besoin comme onguent » [mais d'une couronne de laurier]	n° 5, aria S : *Hunderttausend Schmeicheleien wallen jetzt in meiner Brust*, « Par milliers des flots de douceur agitent aujourd'hui mon sein »
n° 7, aria T : *Sanfte soll mein Todeskummer...*, « La mort ne doit plus m'affliger mais se changer en un doux sommeil » (grâce aux souffrances de Jésus) [Pierre rêve de sa mort apaisée]	n° 7, aria T : *Wieget euch, ihr satten Schafe*, « Endormez-vous toutes seules, brebis rassasiées » [les bergers abandonnent leurs troupeaux]
n° 9, aria A : *Saget, saget mir geschwinde*, « Dites-moi, dites-moi vite où je puis trouver Jésus »	n° 9, aria A : *Komm doch, Flora, komm geschwinde*, « Viens, Flore, viens vite, répandre ton doux zéphir sur nos champs »

Dans les 4 cas, le sens des paroles sacrées et profanes diffère sensiblement. En n° 3, certes, il s'agit de joie dans les deux textes, mais le mouvement se fait en directions opposées. En n° 5, on a le Christ ressuscité d'un côté, l'anniversaire du prince de l'autre. Le n° 7 confronte le sommeil de Pierre au sommeil des brebis. Contraste encore

---

1. Une 2ᵉ cantate profane a vu le jour ensuite, proche dans l'esprit de la première, pour l'anniversaire d'un noble.

plus net dans le n° 9 : l'inquiétude de Marie-Madeleine dans l'*Oratorio*, la sérénité des campagnes dans la cantate d'anniversaire.

La présente Annexe ayant pour seul objet de fournir un maximum d'exemples, il n'est pas question de développer les réflexions que suscite chacun d'eux, réflexions et interrogations qui ont été abordées dans les pages précédentes. Pour les résumer d'un mot :

Il est difficile de contester que lorsqu'un musicien (Bach ou un autre) travaille à mettre un texte en musique, il s'applique à trouver les moyens appropriés pour « exprimer » autant que faire se peut le contenu du texte. Il serait tout aussi étrange de nier que l'auditeur perçoive très souvent (en fonction de sa culture, de ses habitudes d'écoute, de son attention) ces intentions expressives, qu'il puisse en apprécier la réussite et y prendre du plaisir.

D'un autre côté cependant, il apparaît clairement que l'*adéquation* de la musique au texte est un concept éminemment incertain et variable : il n'est pas vrai que tel contenu de pensée appelle immanquablement tel moyen musical (ni même un type défini de moyens : mouvement mélodique, rythme, tonalité, instrument, etc.) ; et il est inexact, inversement, que tel moyen de la technique musicale renvoie nécessairement à tel contenu extra-musical.

Autrement dit, l'« expressivité » de la musique n'échappe pas à l'arbitraire dès qu'il s'agit d'un sens formulé dans le langage ordinaire ; ou si l'on préfère, la puissance de la musique ne se mesure pas à son pouvoir de *signifier*.

BIBLIOGRAPHIE

ABROMONT (C.) et MONTALEMBERT (E. de), *Guide de la théorie de la musique*, Paris, Fayard-H. Lemoine, 2001.

ACCAOUI (C.), *Le temps musical*, Paris, Desclée de Brouwer, 2001.

— (dir.), *Eléments d'esthétique musicale*, Paris, Actes Sud-Cité de la musique, 2011.

ALAIN, *Système des beaux-arts*, Paris, Gallimard, 1926 (réimpr. Collection « Idées », 1963).

– *Propos*, II, « Bibliothèque de La Pléiade », Paris, Gallimard, 1970.

d'ALEMBERT, « Fragment sur la musique en général... », dans Muller et Fabre, *Philosophie de la musique*, p. 123 *sq.*

ALESSANDRINI (R.), *Monteverdi*, Arles, Actes Sud, 2004.

ARISTOTE, *Politique*, trad. fr. J. Tricot, Paris, Vrin, 1982 ; texte et trad. fr. J. Aubonnet, Paris, Les Belles Lettres, 5 vol., 1960-1989.

AUGUSTIN (saint), *Confessions*, texte et trad. fr. P. de Labriolle, 2 tomes, Paris, Les Belles Lettres, 1925 et 1926. ; trad. fr. P. Cambronne, « Bibliothèque de La Pléiade », Paris, Gallimard, 1998.

BAILHACHE (P.), *Une histoire de l'acoustique musicale*, Paris, CNRS, 2001.

BASSO (A.), *Jean-Sébastien Bach*, Paris, Fayard, 2 volumes, 1984 et 1985 (éd. originale, Turin, 1979 et 1983).

BEAUSSANT (P.), *Lully*, Paris, Gallimard, 1992.

BERG (A.), *Écrits*, choisis, traduits et commentés par H. Pousseur, Monaco, Éditions du Rocher, 1957.

BIGAND (E.) (dir.), *Les bienfaits de la musique sur le cerveau*, Paris, Belin, 2018.

BLOCH (E.), *L'esprit de l'utopie*, trad. fr. A.-M. Lang et C. Piron-Audard, Paris, Gallimard, 1977.

BOÈCE, *Traité de la musique*, trad. fr. C. Meyer, Turnhout, Brepols, 2004.

BOULEZ (P.), *Penser la musique aujourd'hui*, Paris, Tel-Gallimard, 1987.

CANTAGREL (G.), *Les cantates de J.-S. Bach*, Paris, Fayard, 2010.

CHABANON (M.), *De la musique considérée en elle-même et dans ses rapports avec la parole, les langues, la poésie et le théâtre*, Paris, 1785 ; rééd. Genève, Slatkine Reprints, 1969.

CHION (M.), *Le poème symphonique et la musique à programme*, Paris, Fayard, 1993.

DEBUSSY (C.), *Monsieur Croche et autres écrits*, Paris, Gallimard, 1971, édition revue et augmentée 1987.

DIDEROT (D.), *Œuvres complètes*, IV, Paris, Hermann, 1978.

DUFOUR (E.), *Qu'est-ce que la musique ?* Paris, Vrin, 2005.

DUFOURCQ (N.), *J.-S. Bach, le maître de l'orgue*, Paris, Floury, 1948.

FABRE (F.), *Nietzsche musicien. La musique et son ombre*, Rennes, Presses Universitaires de Rennes, 2006.

GIRDLESTONE (C.), *Jean-Philippe Rameau*, Paris, Desclée de Brouwer, 2ᵉ éd. 1983.

HANSLICK (E.), *Vom Musikalisch-Schönen, Ein Beitrag zur Revision der Ästhetik der Tonkunst*, Leipzig, 1854 (nombreuses rééd., dont : 21ᵉ éd., Wiesbaden, Breitkopf & Härtel, 1989).

– *Du beau dans la musique, Essai de réforme de l'esthétique musicale*, trad. fr. de Ch. Bannelier d'après la 8ᵉ éd. allemande, 2ᵉ éd., Paris, 1893 ; reprise par Phénix Editions, Ivry-sur-Seine, 2005.

– trad. fr. de Ch. Bannelier revue et complétée par G. Pucher, Introduction de J.-J. Nattiez, Paris, Christian Bourgois, 1986.

HEGEL (G.W.F.), *Cours d'esthétique*, vol. III, trad. fr. J.-P. Lefebvre et V. von Schenck, Paris, Aubier, 1997.

HOCQUARD (J.-V.), *La pensée de Mozart*, Paris, Le Seuil, 1958.

– *Mozart*, Paris, Le Seuil, 1959.

HOFFMANN (E.T.A.), *Kreisleriana*, trad. fr. d'A. Béguin, dans *Romantiques allemands*, tome I, éd. par M. Alexandre, « Bibliothèque de La Pléiade », Paris, Gallimard, 1963.

– *Écrits sur la musique*, trad. fr. B. Hébert et A. Montandon, Lausanne, L'Age d'Homme, 1985.

HONEGGER (M.) (sous la dir. de), *Science de la musique*, 2 vol., Paris, Bordas, 1976.

HUGO (V.), *Feuilles d'automne*, dans *Œuvres poétiques* I, « Bibliothèque de La Pléiade », Paris, Gallimard, 1964.

JAKOBSON (R.), *Essais de linguistique générale*, I, trad. fr. N. Ruwet, Paris, Minuit, 1963.

KANT (E.), *Critique de la faculté de juger*, trad. fr. A. Philonenko, Paris, Vrin, 1965.

LAVIGNAC (A.) (sous la dir. de), *Encyclopédie de la musique*, Paris, Delagrave, 1914.

LEGRAND (R.), *Rameau et le pouvoir de l'harmonie*, Paris, Cité de la musique, 2007.

LEMAÎTRE (E.) (dir.), *Guide de la musique sacrée et chorale profane*, L'âge baroque 1600-1750, Paris, Fayard, 1992.

LEVINSON (J.), *La musique sur le vif*, Rennes, Presses universitaires de Rennes, 2013.

MÂCHE (F.-B.), *Musique, mythe, nature ou les dauphins d'Arion*, Paris, Klincksieck, 1983.

– *Un demi-siècle de musique … et toujours contemporaine*, Paris, L'Harmattan, 2000.

– *Musique au singulier*, Paris, Odile Jacob, 2001.

MARCEL (L.-A.), *Bach*, Paris, Le Seuil, 1961.

MARTINET (A.), *Eléments de linguistique générale*, Paris, A. Colin, 1967.

MONELLE (R.), *Un chant muet. Musique, signification, déconstruction*, trad. fr. S. Roth, Paris, Cité de la musique, 2016.

MULLER (R.), « Le sens de la musique », dans M. Grabócz et G. Mathon (dir.), *François-Bernard Mâche, le compositeur et le savant face à l'univers sonore*, Paris, Hermann, 2018, p. 89-103.

MULLER (R.) et FABRE (F.), *Philosophie de la musique*, Paris, Vrin, 2013.

NEUMANN (W.), *Handbuch der Kantaten Joh. Seb. Bachs*, Wiesbaden, Breitkopf & Härtel, 4ᵉ éd. 1970.

NIETZSCHE (F.), *Œuvres philosophiques complètes*, Paris, Gallimard : *La naissance de la tragédie* (vol. I, 1977) ; *Le gai savoir* (vol. V, 1982) ; *Le cas Wagner* (vol. VIII, 1974).

PASCAL (B.), *Pensées*, éd. L. Lafuma, Paris, Points-Seuil, 2018.

PERETZ (I.), *Apprendre la musique. Nouvelles des neurosciences*, Paris, Odile Jacob, 2018.

PHILODÈME, *Sur la musique*, IV, texte et trad. fr. D. Delattre, 2 tomes, Paris, Les Belles Lettres, 2007.

PIRRO (A.), *L'esthétique de J.-S. Bach*, Paris, 1907.

PLATON, *Œuvres complètes*, sous la dir. de L. Brisson, Paris, Flammarion, 2008.

– *La République*, trad. fr. G. Leroux, Paris, Flammarion, 2002.

– *Timée*, texte et trad. fr. A. Rivaud, Paris, Les Belles Lettres, 1925.

RAMEAU (J.-Ph.), *Musique raisonnée*, textes réunis par C. Kintzler et J.-C. Malgoire, Paris, Stock, 1980.

ROUGET (G.), *La musique et la transe. Esquisse d'une théorie générale des relations de la musique et de la possession*, Paris, Gallimard, 1980.

ROUSSEAU (J.-J.), *Œuvres complètes*, V, « Bibliothèque de La Pléiade », Paris, Gallimard, 1995.

SAND (G.), *Consuelo*, Paris, Folio-Gallimard, 2004.

SCHLŒZER (B. de), *Introduction à J.-S. Bach*, Paris, Gallimard, 1947.

SCHMIEDER (W.), *Thematisch-systematisches Verzeichnis der Werke Joh. Seb. Bachs*, Wiesbaden, Breitkopf & Härtel, 1977 (1ʳᵉ éd. Leipzig 1950).

SCHOPENHAUER (A.), *Le monde comme volonté et comme représentation*, trad. fr. A. Burdeau revue par R. Ross, Paris, P.U.F., 1978.

– *Parerga und Paralipomena*, trad. fr. J.-P. Jackson, Paris, Coda, 2005.

SCHUMANN (R), *Sur les musiciens*, trad. H. de Curzon, Paris, Stock, 1979.

SCHWEITZER (A.), *J.-S. Bach, Le musicien-poète*, Lausanne, s.d., (Paris, 1905).

STRAVINSKI (I.), *Chroniques de ma vie*, 1935, rééd. Paris, Denoël, 1971.

TELLART (R.), *Claudio Monteverdi*, Paris, Fayard, 1997.

TRANCHEFORT (F.-R.) (dir.), *Guide de la musique de piano et de clavecin*, Paris, Fayard, 1987 ; *Guide de la musique de chambre*, 1989.

WEGNER (M.), *Das Musikleben der Griechen*, Berlin, De Gruyter, 1949.

WOLFF (F.), *Pourquoi la musique*, Paris, Fayard, 2015.

INDEX

INDEX DES PHILOSOPHES CITÉS

TABLE DES MATIÈRES

Achevé d'imprimer en janvier 2021
La Manufacture - *Imprimeur* – 52200 Langres – Tél. : (33) 325 845 892
Imprimé en France – N° : 210083 – Dépôt légal : février 2021